도시의 세계사

도시의 세계사

초판 1쇄 인쇄 2024년 05월 02일   초판 1쇄 발행 2024년 05월 15일

글 메건 클렌대넌   그림 수하루 오가와   옮김 최영민

펴낸이 이상순   주간 서인찬   영업지원 권은희   제작이사 이상광

펴낸곳 (주)도서출판 아름다운사람들   주소 (10881) 경기도 파주시 회동길 103
대표전화 031-8074-0082   팩스 031-955-1083   이메일 books777@naver.com   홈페이지 www.book114.kr

ISBN 978-89-6513-803-7 73900

Cities: How Humans Live Together
Text copyright © Megan Clendenan 2023
Illustrations copyright © Suharu Ogawa 2023
Published by arrangement with Orca Book Publishers, Victoria, Canada, through
Orange Agency, Korea
Korean translation copyright © Beautiful People Publishing Co., Ltd. 2024
All rights reserved. No part of this publication may be reproduced, stored in a
retrieval system, or transmitted in any form or by any means, electronic, mechanical,
photocopying, sound recording or otherwise without the prior written permission of
Beautiful People Publishing Co., Ltd

이 책은 오렌지 에이전시를 통해 저작권자와 독점 계약하여 (주)도서출판 아름다운사람들에서 출간하였습니다.
저작권법에 따라 한국 내에서 보호를 받는 저작물이므로 무단전재와 복제를 금합니다.

이 도서의 국립중앙도서관 출판예정도서목록(CIP)은 서지정보유통지원시스템(http://seoji.nl.go.kr)과
국가자료종합목록구축시스템(http://kolis-net.nl.go.kr)에서 이용하실 수 있습니다. (CIP제어번호 : CIP2020046116)

도시의 거리를
마을 공동체로 탈바꿈시켜준
나의 멋진 이웃에게 바칩니다.

무지개 속에 사는 것 같아요! 우크라이나 키이우에 자리한 이 알록달록한 동네는 컴포트 타운이라고 불러요. 이 동네의 초록 색 뜰은 자동차, 운동장, 학교, 가게와 떨어진 곳에 있어요.
멘센트 포토그라피/게티 이미지

차 례

들어가면서 ··· 13
모두가 행복한 도시에 필요한 것

첫 번째 • 계획하기 ··· 17
무엇이 사람을 살기 좋은 도시로 만들까?

두 번째 • 도시 돌아다니기 ··· 31
모두에게 열려있는 도시,
공해 없는 이동수단은 가능할까?

세 번째 • 물과 쓰레기 ··· 47
제로 웨이스트는 가능할까?

네 번째 • 라이트 · 파워 · 액션 ··· 63
도시를 밝히는 모든 에너지는
어디에서 올까?

다섯 번째 • 먹을거리 찾기 ··· 79
적당한 가격의 신선한 먹을거리를
모두가 누리려면?

낱말 정리 ··· 93
출처 ··· 96
감사의 말 ··· 97
작가소개 ··· 98

들어가면서

모두가 행복한 도시에 필요한 것

100년 전, 도시에서 사는 삶이 어땠을지 궁금했던 적이 있나요? 1,000년 전은 어때요? 50년 뒤에는 어떨까요? 나이가 거의 2,000살인 도시, 영국 런던에서 살아본 적이 있어요. 런던에는 좁은 자갈길, 수백 년 동안 음식을 판매해온 시장, 도시 위로 높이 솟아오른 고층 유리 건물이 있어요. 거리를 거니는 동안 이런 생각을 했어요. 한때 이 거리에 말이나 염소도 지나다녔을까? 물은 마시기 안전할까? 사람들은 쓰레기를 어디에 버릴까? 친구들과 공원에 가서 놀 수 있을까? 사람들은 걸어 다니면서 안전하다고 느낄까? 화장실에 가야 할 때 갈 수 있을까?

다시 말해, 모두가 살기 좋은 도시가 되려면 어떤 것이 필요할까? 라는 질문이었죠.

여러분이 사는 곳의 어떤 점이
여러분을 행복하게 만드나요?
어떤 점을 바꾸고 싶나요?
사진 탕 밍 텅/게티 이미지

연구자들은 도시에 사는 사람들에게 행복을 느끼게 하는 특징이 있다는 사실을 알아냈어요. 이것에는 안전함을 느끼고, 일상생활을 할 때 쉽게 이동할 수 있고, 근처에 녹지가 있어서 자연을 즐길 수 있고, 지역 사회의 일원이 되는 것이 포함돼요. 환영받는다는 느낌도 필요하죠. 숨 쉴 깨끗한 공기, 안전한 식수와 몸에 좋은 음식을 손쉽게 구할 수 있어야 하기도 하고요.

지난 9,000년 동안 인간은 필요에 맞는 도시를 짓기 위해 머리를 맞대왔지만, 그 과정에서 우여곡절이 있었죠. 오늘날의 도시는 과거 도시와 비슷한 여러 문제뿐 아니라, 새로운 문제도 마주하고 있어요. 도시는 전 세계 온실가스 배출물의 최소 60퍼센트를 생산하며, 허리케인과 열파 등 기후 변화의 영향으로부터 나타나는 커다란 도전에 직면하고 있어요.

예멘의 고대 도시, '시밤'은 모두가 일상적인 활동을 편히 걸어 다니면서 할 수 있게 설계됐어요. 더 촘촘해진 오늘날의 도시는 이동 시간을 줄이고 휴식 시간을 늘릴 수 있을까요? 지금의 멕시코에 자리했던 고대 아즈텍 도시 테노치티틀란의 거주민은 도시에서 나온 폐기물로 작물을 재배했어요.

현대의 도시에서 폐기물이 완전히 없어지는 제로 웨이스트가 가능할까요? 앞으로 우리는 시간이 지나면서 도시가 어떻게 변화해왔는지, 우리가 과거에서 얻은 아이디어를 활용해 미래를 위한 최고의 도시 생활을 설계할 수 있을지 살펴볼 거예요.

태양 전지판, 옥상 농장, 버스와 자전거 전용 도로 늘리기 등 더 좋은 서비스나 지속 가능한 아이디어가 도시에 자리 잡으면 수많은 사람의 삶을 개선할 수 있어요. 이건 좋은 소식이에요. 2050년까지 전 세계 인구의 약 70퍼센트가 도시에 거주하게 될 것이기 때문이죠. 편한 운동화 한 켤레를 집어 들고 어떤 것이 오늘과 내일을 위한, 더 지속할 수 있고 따뜻한 도시를 만드는 데 도움을 줄지 찾으러 가볼까요.

대한민국의 청계천 근처에서 휴식을 취하는 사람들의 모습이에요. 2005년에 오랫동안 콘크리트 밑에 숨겨져 있던 냇물이 복원됐어요. 근래에는 매일 평균 6만 4천 명의 방문객이 청계천을 찾고 있답니다.

리처드 섀록스/게티 이미지

첫 번째

계획하기

무엇이 사람을 살기 좋은 도시로 만들까?

바그다드
762년

9,000년 전만 해도 (약간의 차이는 있을 수 있지만!) 도시는 존재하지 않았어요. 오늘날에는 전 세계 인구의 절반이 넘는 약 40억 명이 도시에 살아요. 이 숫자는 2050년까지 70억 명으로 늘어날 수 있어요! 도시란 무엇일까요? 모두가 동의하는 단 하나의 정의는 없는 것 같아요. 거주 인구를 기반으로 도시를 정의하는 나라도 있고, 거주하는 사람이 하는 일의 종류로 도시를 설명하는 나라도 있어요. 도시 인구의 범위는 1,500명, 5만 명에서 수백만 명에 이르러요. 그렇지만 무엇이 사람을 살기 좋은 도시로 만들까요? 모양이나 크기일까요? 도서관, 병원이나, 상점 같은 서비스의 수일까요? 자연을 즐기고 친구와 만날 수 있는 공원이 있어야 하는 걸까요? 범죄, 공해, 소음이 많지 않은 곳이어야 하는 걸까요? 도시는 시간이 지나면서 많이 변화해왔어요. 도시가 어떻게 시작되었는지, 그리고 미래 도시의 모습은 어떨지 함께 살펴봐요.

위치, 위치, 위치

영구 정착지는 사람들이 한곳에 머물며 보리와 에머밀(아주 오래된 밀의 일종) 같은 곡물을 재배할 수 있다는 사실을 발견했을 때 널리 받아들여졌어요. 조상들이 그랬던 것처럼 돌아다니면서 식량을 구하는 대신 말이죠. 도시는 기원전 7500년경 메소포타미아 지역, 기원전 3300년경 지금의 파키스탄과 인도에 자리했던 인더스 문명, 기원전 3100년경 이집트에 처음 등장했어요. 물을 구할 수 있는 호수나 강, 그리고 다가오는 적들을 잘 볼 수 있는 섬이나 언덕처럼 침략자를 막는 데 도움이 되는 지형을 갖추고 있다면 도시를 세우기에 적합한 위치였어요. 여러분이 통치자였다면 아마 도시 한가운데에 신전이나 궁전을 지었을 거예요.

> 고대 메소포타미아의 바빌론은 높이가 9~12미터이고 너비가 전차 경기를 수용할 만큼 넓은 장벽으로 둘러싸여 있었어요.

거래를 시작합시다

신전 벽 뒤에 곡물을 안전하게 보관하고, 농부가 자신이 먹을 수 있는 양보다 많은 식량을 수확하면서 일부 사람에게는 베를 짜거나 바구니를 만드는 등 다른 일을 할 여유가 생겼어요. 농부는 이제 지역 시장에서 곡물을 도자기로 교환할 수 있게 됐어요. 상인들은 근처 도시와 물건을 거래했고, 실크 로드 같은 무역로를 따라 마을이 생겨났어요.

세계 최초의 메가시티 중 하나

약 2,000년 전, 고대 로마에는 백만 명의 사람이 살았어요. 1세기에 로마인은 자신들만의 콘크리트를 개발하면서 오늘날까지 여전히 서 있는 기념물을 지었어요. 콜로세움은 검투사 전투와 야생 동물 사냥을 주최하는 원형 경기장이었어요. 부유한 로마인을 빼고, 대부분 사람은 집단 주택이라고 불리는 아파트 건물에 살았어요. 사람으로 가득 찬 이 건물은 너무 부실하게 지어서 가끔 무너지기도 했죠. 로마는 계속 위협을 받았어요. 서기 410년에 로마 도시를 사흘간 점령했던 침략자들은 금 2톤, 은 2톤, 실크 튜닉 4,000벌, 플리스 3,000필, 후추 1,361킬로그램을 받고 나서 마침내 로마에서 철수했어요.

시기별 메가시티의 인구

- 이집트의 알렉산드리아 100만 / 100년
- 영국의 런던 600만 / 1895년
- 뉴욕시 1,200만 / 1950년
- 멕시코시티 1,800만 / 2000년
- 방글라데시의 디카 2,100만 / 2020년

만약 여러분이... 메소포타미아 우르에 살았다면

기원전 2,000년경 우르는 유프라테스강 바로 옆의 인구 6만 5,000명이 사는 바쁜 도시였어요. 오늘날의 이라크에 자리하고 있죠. 많은 사람이 농사를 지었지만, 여러분의 부모님은 베를 짜거나 도자기를 만들었을 수도 있어요. 여러분은 가운데 안뜰이 있는 진흙 벽돌집에 살았어요. 여러분이 사는 좁고 구불구불한 길은 메소포타미아의 강렬한 태양을 가리는 그늘을 마련해주었죠. 여러분은 점토 위에 글자 쓰기를 연습한 다음, 벽돌에 조각된 보드게임을 하거나 점토로 만든 모형 보트로 경주를 했어요.

모양을 갖추는 도시들

기원전 400년과 100년 사이에 있었던 무역 도시 요르단의 페트라는 자연 방어를 제공해 준 사암 산에 자리 잡고 있어요. 공격을 대비한 고지가 있었고, 거주자들이 사용하는 샘이 있었어요.

닉 브런들 포토그래피/게티 이미지

여러분이 사는 도시나 마을을 걸어 다녀보면 넓은 거리도 있고 좁은 거리도 있을 거예요. 직선인 도로도 있고 곡선인 도로도 있죠. 일부 도시는 단순하게 새로 도착한 사람들이 변두리에 집을 지으면서 바깥쪽으로 커졌어요. 계획에 따라 생긴 곳도 있어요. 모양, 대칭, 패턴 같은 낱말이 기하학과 관련된 낱말이라는 생각이 드나요? 맞아요. 기하학은 도시 계획가를 사방으로 안내해 주었죠. 그러니까 연필을 뾰족하게 깎고 자를 집어 드세요.

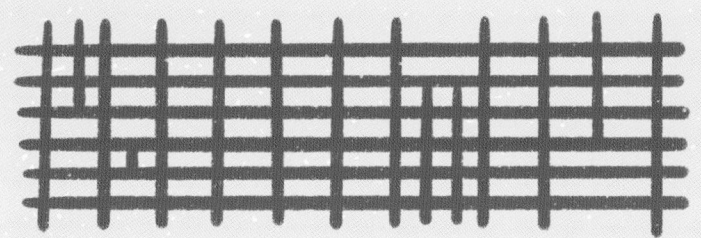

격자형
격자형 시스템에서 도로는 균등한 간격의 수평선과 수직선으로 깔려있어요. 이런 거리에는 번호가 붙어있는 경우가 많은데, 번호 덕분에 여러분이 있는 위치와 목적지에 도달할 방법을 쉽게 알아낼 수 있죠. 도시 계획자들은 이집트 알렉산드리아에서 미래 도시를 위한 선을 보릿가루로 표시했어요. 전해지는 이야기에 따르면 표시해 둔 가루를 갈매기가 먹기 전에 빨리 작업을 해야 했대요.

프랙털형
1000년대에 당시 에도라고 알려졌던 베닌시티는 오늘날 나이지리아에 있는 아프리카 제국의 수도였어요. 에도는 현재 프랙털 디자인이라고 알려진 대칭과 반복의 수학적 패턴으로 지어졌어요.

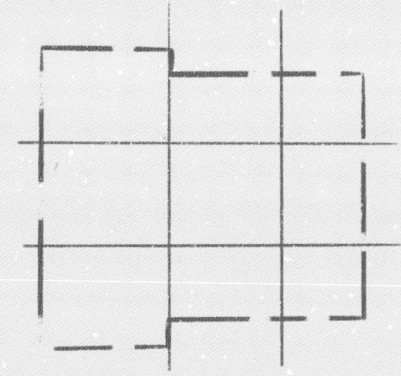

사각형
1300년대에 베이징은 풍수의 영감을 받은 일련의 사각형으로 지어졌어요. 직선형 도로가 도시를 아홉 개의 균등한 지구로 나누었어요. 아홉 개의 지구에는 남북으로 난 길이 있었죠. 이 길의 너비는 전차 선로 아홉 개의 너비와 비슷했어요.

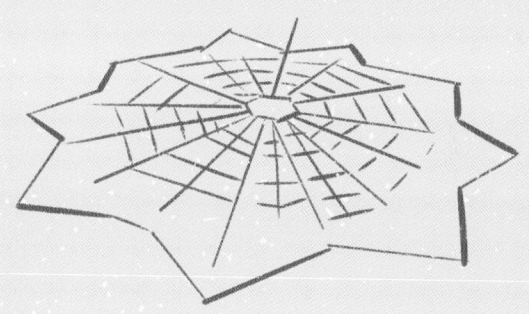

별 모양
이탈리아 팔마노바의 별 모양 디자인은 침략과 폭격을 막았어요. 침략자를 놓칠 수 있는 사각지대를 남겨놓지 않았죠.

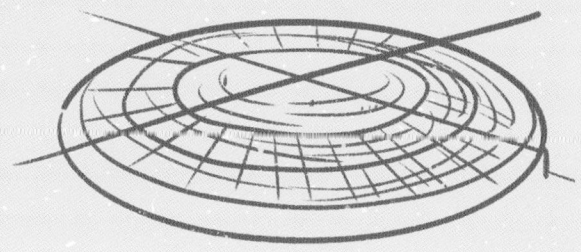

원형
762년에 바그다드는 원형 모양이었어요. 10만 명이 넘는 목수, 건축가, 기술자, 대장장이와 노동자들이 가마에 구워 갈대로 붙인 벽돌을 사용해서 원형 벽을 지었어요. 천 개의 모스크, 6만 5천 개의 공중목욕탕, 궁전, 경주 트랙, 종이 공장이 있었어요.

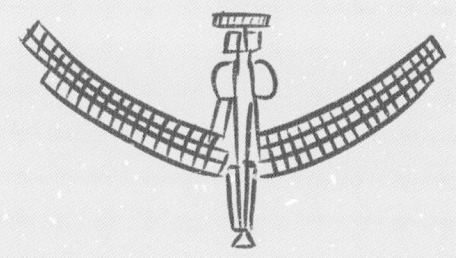

새나 비행기 모양
브라질의 수도 브라질리아는 한 건축가의 스케치에서 시작하여 단 41개월(1956년~1960년)만에 지었어요. 공중에서 보면 비행기, 새 또는 잠자리를 닮았어요. 도시 중심부에는 정부 건물과 높은 아파트가 늘어선 대칭형의 거리가 있어요. 50만 명이 거주할 수 있도록 지었죠. 오늘날 480만 명이 넘는 사람들이 근처 교외 지역과 정착지에 살고 있어요.

만약 여러분이...
영국 요크에 살았다면

1200년대 중세 요크에 살았다면, 좁은 길 위의 돼지와 텃밭이 있는 집에서 살았을 거예요. 이 집은 스니켈웨이라고 불렀죠. 여러분은 부모님을 도와 가축을 돌본 뒤, 친구들과 함께 손수 만든 주사위를 가지고 놀았을지도 몰라요. 거리 이름은 그곳에서 하는 일에 따라 지어지곤 했어요. 예를 들어 가죽을 만드는 곳은 '태너 거리', 돼지를 키우는 곳은 '스와인게이트'라고 불렀죠. 곡물, 채소, 직물을 판매하고 거래하는 시장은 삶의 중심지였어요. 3~4층짜리 나무 건물의 위층은 돌출되어서, 꼭대기 층에 있는 사람들이 길 건너편에 있는 사람과 악수할 수 있었어요. 거리에서 햇빛을 찾아보기 힘들었지만, 최소한 비를 맞을 일은 없었어요.

성장과 분열

1800년대가 되자 많은 도시가 모양과 상관없이 빠르게 성장했어요. 산업혁명은 새로운 공장을 출현시켰고, 직장을 찾는 사람들은 시골 지역을 떠났어요. 하지만 많은 사람이 도시가 그렇게 살기 좋은 곳이 아니라는 사실을 깨달았어요. 부유한 사람은 큰 집에서 살았지만, 공장에서 일하는 노동자 대부분은 비좁고 위험한 건물에서 생활했어요. 이런 건물 안에서는 석탄 매연과 하수 냄새가 코를 찔렀죠. 깨끗한 물과 화장실은 찾기 힘들었고, 많은 사람이 장티푸스와 콜레라 같은 병에 걸렸어요. 1800년대 중반이 됐을 무렵 기술자와 도시 계획가는 도시에서의 삶을 개선할 방법에 대한 새로운 아이디어가 있었지만, 그것이 늘 모두에게 좋은 아이디어는 아니었어요.

거리 넓히기

1853년 파리를 통치했던 나폴레옹 3세는 자신의 군사력을 뽐낼 수 있게 해줄 최신 유행의 현대적인 파리를 원했어요. 그래서 조르주 외젠 오스만이라는 행정관에게 파리를 개조하라는 명령을 내렸죠. 오스만은 미로 같이 복잡하고 좁은 거리를 없앴어요. 이 거리에는 많은 사람이 생활하는 비좁은 공동 다세대 건물이 늘어서 있었어요. 건물 12,000채가 철거됐고, 그 자리에는 대신 군대가 행진하기 좋은 드넓은 대로가 들어섰어요. 도시공원, 병원, 새로운 오페라 건물, 부유한 사람들을 위한 아파트도 지었죠. 새로운 도시 계획은 35만 명이 살던 집을 강제로 빼앗았고, 쫓겨난 사람들은 파리의 변두리 지역으로 이사했어요. 파리에 사는 부유층과 빈곤층의 분열은 오늘날까지도 이어지고 있어요.

기하학을 기반으로 지어진 도시예요! 바르셀로나의 에샴플레는 직선, 각도, 팔각형, 사각형의 격자 패턴이 특징인 동네예요.
폴 알버란/게티 이미지

바르셀로나의 새로운 계획

1850년대 중반에 바르셀로나는 18만 7천 명이 사는 공업 도시였어요. 중세 벽이 터질 정도로 붐비는 곳이었죠. 집을 새로 지을 공간이 부족했기 때문에, 몇 채는 도시 가운데에 있는 아치 위에 짓기도 했어요. 일데폰스 세르다라는 기술자는 옛 도시와 근처 마을을 합쳐서 더 큰 중심지를 만드는 도시 계획을 제안했죠. 그는 과학적 관찰법을 활용하여 시장, 병원, 학교와 같이 사람들이 도시에서 필요로 하는 것을 알아냈어요. 심지어 시민 한 명이 숨을 쉬는 데 필요한 공기의 양도 계산했답니다.

도시 구역

1898년 영국에서 에버니저 하워드는 공업 도시의 비좁고 위험한 환경 문제를 다루기 위해 '전원도시'라는 아이디어를 떠올렸어요. 주택과 오염 물질을 배출하는 공장을 떨어뜨려 놓기 위해 생활공간과 일터를 나누는 계획이었죠. 전원도시의 개념은 끝내 인기를 얻지 못했지만, 그 이후로 많은 도시가 토지용도지정법을 사용해서 다양한 기능을 분리했어요.

토지용도 지정에는 장점이 있지만, 단점도 있어요. 여러분이 사는 곳이 부모님의 직장과 멀어질 수 있어요. 토지용도 지정은 불평등을 심화시키기도 해요. 예를 들어, 어떤 도시는 특정 구역에 큰 집만 지을 수 있게 하는 지정법을 가지고 있어요. 이 구역에 아파트 건물이나 작은 집은 지을 수 없죠. 그런 구역은 최고 수준의 학교와 공원을 많이 갖추고 있곤 해요.

화장실에 가고 싶을 때: 사회적 행사

고대 로마 시대에 공공장소에서 화장실에 간다는 건 무려 20명이나 되는 다른 사람과 같이 화장실을 사용한다는 의미였어요. 남자들만 이런 공중 화장실을 사용했죠. 여자들은 집에 갈 때까지 참아야 했어요. 물줄기가 일렬로 늘어선 좌석 앞의 바닥을 가로질러 흘렀고, 막대기에 붙은 바다 수세미나 이끼가 화장지 역할을 했어요.

전 세계의 많은 도시처럼 뭄바이에는 높은 탑과 작은 집이 있고, 백만장자와 가진 게 별로 없는 사람이 모두 살고 있어요.
안드레이 아미아고브/Shutterstock.com

1980년대에 파키스탄 카라치의 주변 도시인 오랑기 타운에는 백만 명의 인구가 살았지만, 하수관이 없었어요. 거리를 청소하고 싶었던 거주민들은 직접 하수도를 만들었어요.

도시 옆 도시

1800년대 영국 런던처럼 오늘날의 도시는 너무 빠르게 성장해서 새로 도착하는 사람들이 사용할 집, 물, 전기를 충분히 제공하기가 어려워요. 나이로비와 리우데자네이루 같은 대도시의 끝자락에는 시골 지역에서 직장이나 다른 기회를 찾으려고 온 사람이 거대한 정착지를 지었어요. 전 세계 10억 명이 넘는 사람이 이런 종류의 정착지에 살고 있고, 이 수치는 매년 증가하고 있죠. 슬럼, 바리오, 빈민가, 판자촌이라고도 불렸던 이곳은 북미 밖에서 '주변' 또는 '도착' 도시라고 알려져 있어요.

뭄바이는 고층 건물, 저택, 발리우드 영화 스튜디오로 가득 차 있어요. 옆 동네에는 '다라비'라는 주변 도시가 있어요. 이 도시에는 2.1 제곱킬로미터의 영역에 약 백만 명의 사람이 살고 있답니다. 화장실, 전기, 수돗물을 찾기가 매우 어렵고 많은 이가 가난하게 살고 있지만, 다라비에 사는 사람은 지역 공동체를 만들어냈어요. 많은 사람이 작은 사업체를 운영하고 있고, 진료소, 식료품점, 레스토랑과 상점도 있어요. 다라비의 사업은 뭄바이 경제에 10억 달러 이상을 가져다줘요.

공사 중인 도시

모두가 건강하고 즐겁게 지낼 수 있는 오늘과 내일을 위한 도시를 만든다는 건 큰 문제를 해결한다는 뜻이에요. 집을 어떻게 충분히 지을 것이며, 그 집은 어떤 모습이어야 할까요? 병원, 학교, 상점은 어디에 지어야 할까요? 물과 공공 화장실은 어떻게 해야 할까요? 놀러 가기 좋은 공원은요? 모두가 확실히 환영받을 수 있게 하는 건요? 고민해볼 게 많아요.

골디락스 동네?

도시의 어떤 점이 사람들을 행복하게 만들까요? 연구자들은 도시에 있는 사람이 안전하다고 느끼고, 이웃과 친하게 지내고, 근처에 녹지가 있고, 친구들과 쉽게 만날 수 있으면 더 행복해진다는 사실을 알아냈어요.

사람을 행복하게 만든다는 골디락스 같은 동네를 말하죠. 너무 크지도 않고 너무 작지도 않은 곳이죠! 이런 곳을 만드는 한 가지 방법은 집, 두 세대용 건물, 아파트, 레스토랑, 식료품점, 학교, 공원, 사업체가 섞여 있는 지역 사회를 짓는 거예요. 여러분이 자신의 동네 안에서 생활하고, 일하고, 학교에 다닐 수 있다면 이동 시간이 줄어들고 놀 수 있는 시간이 늘어난다는 뜻이죠. 딱 좋아요!

낡은 공간 사용하기

버려진 건물, 문 닫은 철길이나 공장은 새로운 오락 공간이나 동네의 새로운 용도로 다시 활용할 수 있어요. 호주 멜버른에는 공업용 부두가 수십 년 동안 사용되지 않은 채 야라강을 따라 쭉 늘어서 있었어요. 지금은 아파트, 공원, 스타디움, 레스토랑으로 가득 차 있고 사람들이 강의 경치를 즐길 수 있는 긴 판자를 쌓아두었답니다.

하지만 도시를 더 좋은 곳으로 바꾸려는 노력이 부정적인 결과로 나타날 때도 있어요. 예를 들어 1950년대 로스앤젤레스에서는 다저 스타디움을 짓기 위해 번창하던 멕시코계 미국인을 지역 사회에서 쫓아냈어요. 가끔은 어떤 지역의 인기가 갑자기 많아져서 새로운 레스토랑과 상점이 문을 열기도 해요. 하지만 이미 그곳에 살던 사람과 상점은 어떻게 되는 걸까요? 젠트리피케이션은 보통 가난한 동네에 부유한 사람들이 이사를 오면서 새로운 집, 레스토랑, 상점을 지을 때 일어나는 현상을 뜻해요. 집세가 오르고, 원래 살던 사람들이 그 동네에 더는 살 수 없게 되면서 살던 곳을 어쩔 수 없이 떠나야 하죠.

사람들은 파리 몽마르트르에 있는 루이스 미셸 광장에 모여서 친구를 만나고, 거리 악사를 구경하고, 도시의 경관을 즐겨요.

피에르 오게론/게티 이미지

모두를 위한 공간과 장소

공공장소는 도시에 사는 사람들에게 함께 모이고, 친구와 이웃을 만나고, 지역 사회의 일원이라는 느낌을 주는 장소를 제공해줘요. 여기에는 광장, 공원, 거리가 포함되죠. 예를 들어, 파리의 샹젤리제나 뉴욕의 센트럴 파크가 있어요. 이런 공간은 주요 기념물이나 시립 건물 주변에 설계되기도 해요. 사람들이 문화 활동에 참여할 수 있는 곳도 있죠. 동네에는 이 외에도 지역 공원에서 이웃들과 인사를 나누거나 아파트 앞 보도에서 친구들과 수다를 떠는 등 일상적인 사회적 교류가 일어나는 작은 공간이 있어요.

이야기해 봅시다

400년대에 아테네는 에너지와 대화로 북적거렸어요. 사람들은 체육관, 영화관, 스타디움, 시장과 페스티벌에 모였죠. 아테네는 민주주의가 시작된 곳이에요. 사람들은 아고라라고 불리는 공공 광장에서 토론하고 투표했어요(노예가 아닌 남자에게만 투표권이 있었죠!). 포로 로마노는 이와 비슷한 곳이었어요. 영화관, 스포츠와 활기 넘치는 시장이 있는 고대 로마 도시의 생활 중심지였죠.

놀 수 있는 장소

친구들과 나무 밑에 앉아있거나 공놀이를 하는 건 재미있을 뿐 아니라, 건강에도 도움이 되는 활동이에요! 하지만 1800년대가 꽤 지난 뒤에도 대부분 도시에는 공원이 없었어요. 그나마 몇 안 되는 공원도 모두에게 늘 열려있지 않았어요. 현재와 과거의 도시에서는 돈이나 힘을 많이 지닌 사람들이 공원, 도서관, 학교 같은 자원을 수입이 적은 지역 사회와 유색 인종 집단의 사람보다 쉽게 이용할 수 있었어요. 2011년과 2014년 사이에 시카고에서는 공원에 사용된 5억 달러 이상의 돈이 도시에 있는 동네 77곳 중 가장 부유한 지역 10곳으로 들어갔어요. 자원봉사 단체가 변화를 요구한 덕분에 지금은 수입이 적은 거주민들의 99퍼센트가 공원에 10분 내로 도착할 수 있는 거리에 살아요.

도시에서 보내는 바닷가 휴가

여름의 열기 속에서 바다에 가면 좋죠. 파리 한가운데일지라도 말이에요. 매년 여름 파리는 고속도로 일부를 닫고 파리 플라주 행사를 열어요. 파리 플라주는 수영, 모래, 해변 의자, 놀이 도구, 아이스크림 판매대, 보드게임, 여러 가지 재미있는 활동, 노래가 있는 바닷가 행사예요. 이 행사는 관광객과 파리지앵 모두에게 큰 사랑을 받고 있어요.

길가와 거리에서 즐기는 게임

오랜 시간에 걸쳐 모든 도시의 어린이들은 길가, 뒷골목, 조용한 거리 어디든 공간을 발견할 때마다 즐길 게임을 만들거나 각색해 냈어요. 오늘날 전 세계 도시에서 아래와 같은 게임을 하고 있어요.

》 사방치기, 등 짚고 뛰어넘기, 술래잡기
》 구슬, 조약돌, 병뚜껑 던지기
》 축구, 공 던지기, 길거리 하키

중국 싼야시 중부에 콘크리트 홍수 제방이 있었던 자리에 맹그로브 숲이 조성됐어요. 이제 이 숲은 홍수를 줄이기 위해 열대성 폭풍을 흡수할 뿐 아니라, 건강한 해양 환경을 만드는 데 도움을 줘요.

싼야 맹그로브 공원. 턴스케이프

날씨에 적응하기

도시는 늘 침략자를 막아내야 했지만, 오늘날에는 기후 변화라는 새로운 도전 과제를 마주하고 있어요. 전 세계 기온이 상승하고 날씨 패턴이 변화함에 따라 지도자들은 홍수, 열파, 해수면 상승과 산불 증가로부터 시민을 보호할 최선의 방안을 찾아내야 해요.

허리케인 속도 늦추기

뉴욕시에 있는 허드슨강 어귀에서는 한때 굴 수십억 마리가 발견되곤 했어요. 암초의 키가 6미터만큼이나 높이 자라나면서 큰 파도를 부숴 폭풍의 피해를 줄였죠. 하지만 항구에서 발생한 공해와 공업 활동이 굴을 괴사시키자 도시는 무방비 상태가 됐어요.

2012년 10월 29일 뉴욕시에 들이닥친 허리케인 샌디는 건물, 거리, 지하철 터널에 홍수를 일으키고, 집을 무너뜨리고, 수백만 명이 사용하는 전기를 나가게 했어요. 환자들은 병원에서 어쩔 수 없이 대피해야 했고요. 이후에 도시 지도자, 도시 계획가, 기술자들은 다음 폭풍에 대비할 계획을 세우기 시작했어요. 계획 중에는 항구를 가로지르는 거대한 방파제를 짓고 수문을 설치하는 등의 아이디어가 있었어요. 이 외에도 말린 굴 껍데기로 벽을 쌓는 새로운 아이디어를 구체화하고 있어요. 살아있는 굴 유생이 '붙는' 벽이죠. 이 아이디어는 언젠가 예전에 굴 암초가 그래왔던 것처럼 도시를 보호해 줄 새로운 암초를 만드는 걸 도와줄 거예요.

스펀지 도시

도시는 폭풍과 맞서 싸우고 홍수의 가능성을 줄이기 위해서 스펀지 같은 역할을 해야 해요. 상하이는 도시에 홍수가 일어나지 못하도록 빗물 정원을 심어서 물을 흡수시키고, 옥상에 녹지를 더하면서 콘크리트 제방을 습지로 서서히 바꾸고 있어요. 이 모든 녹지화 작업은 냉각 효과라는 또 하나의 훌륭한 혜택을 제공하죠. 도시는 거대한 영역의 콘크리트와 아스팔트를 포함하기 때문에 온도가 빨리 오르고 주변의 시골 지역보다 더 오랫동안 뜨겁게 유지돼요. 도시 열섬이 되는 거죠. 나무가 마련해준 그늘이 온도를 낮춰줘도, 수영장에 뛰어들어서 더위를 식히고 싶다는 마음이 들지 몰라요!

지금 도시 디자인의 미래는

하늘 높이 지은 다리

다리로 연결된 고층 건물은 어떨까요? 하늘 다리는 거리 위에서 건물을 연결해요. 정원, 놀이 공간, 나무를 포함한 새로운 공공장소를 제공하죠.

친환경화

자연 기반 시설은 도시가 기후 위기를 헤쳐 나갈 수 있게 도와줘요. 습지, 맹그로브 숲과 굴 암초는 파동 에너지를 흡수하는 동시에 물과 공기 중의 오염 물질을 여과하고 사람들이 녹지에 접근할 수 있게 해줘요.

스마트 도시

사람들이 교통량이나 공기의 질을 예측하는 데 도움을 주는 센서는 어떨까요? 에너지 사용량을 추적하거나 쓰레기통이 얼마나 가득 찼는지 확인하는 데 사용할 수도 있어요. 오늘날의 도시는 이미 삶의 질을 개선할 실시간 정보를 제공하기 위해 센서를 사용하기 시작했어요.

두 번째

도시 돌아다니기

모두에게 열려있는 도시,
공해 없는 이동수단은 가능할까?

브루클린
1894년

샌프란시스코
2018년

도시에 산다는 건 다양한 장소에 간다는 뜻이에요! 학교나 직장에 가고, 친구를 만나고, 음식을 사거나 병원에 가요. 연구자들은 이동 시간이 줄고, 목적지에 더 쉽고 안전하게 도착할수록 사람이 더 행복해진다는 사실을 알아냈어요. 사람들은 깨끗한 버스를 타고, 조명이 환하게 켜진 지하철로 들어가고, 빠르게 달리는 자동차와 분리된 인도를 사용하는 걸 좋아해요. 하지만 오늘날 대부분 도시에서 자동차는 공기를 오염시키고 막대한 공간을 차지하죠. 도시는 어떻게 하면 모두가 이용하기 더 편리한 이동수단을 제공할 수 있을까요? 미래에 우리가 원하고 필요한 이동수단을 설계하는 데 과거의 도시가 도움을 줄 수 있을지 살펴봐요.

홍콩은 세계에서 가장 걷기 좋은 도시 중 하나예요. 거주자들 85퍼센트가 공원이나 광장처럼 자동차가 없는 공공장소로 걸어 다닐 수 있는 거리에 살고 있어요.
디디에 마티/게티 이미지

걷기만 허용

고대 도시에서 대부분 사람은 어디든 걸어 다녔어요. 고대 로마에는 지름이 3.2킬로미터 정도밖에 안 되는 지역에 백만 명이 떼 지어 살았죠. 좁은 도로는 사람으로 가득 찼어요. 수 세기에 걸쳐 왜건과 마차는 신선한 과일과 채소를 싣고 있거나 성직자, 왕족이 타고 있지 않으면 거리를 지나다닐 수 없었어요. 다른 사람은 모두 걸어 다녀야 했죠.

한 번에 한 발자국씩

도시에 걷기 안전하고 쾌적한 공간이 생기면 더 많은 사람이 신발 끈을 묶고 산책하러 나간다는 연구 결과가 있어요. 오늘날의 도시를 걷기 좋은 곳으로 만들려면 자동차나 소음과 떨어져 있어서 안전하게 느껴지는 도로, 상점 등과 같은 볼거리와 할 거리, 가는 길에 잠깐 쉴 수 있는 그늘과 벤치가 있어야 해요. 코펜하겐과 샌프란시스코를 비롯한 여러 도시가 보행자 전용 공간을 만들었어요. 헬싱키는 안전한 인도로 동네를 연결하는 계획을 세웠어요. 그렇게 되면 자동차의 오염 배출량이 줄어들고 사람의 운동량이 늘어나겠죠. 모두에게 좋은 결과예요!

만약 여러분이...
예멘 시밤에 살았다면

1500년대 시밤에서는 햇볕에 말린 진흙 벽돌 탑이 8층 높이까지 솟아올랐어요. 1층에는 가축, 곡물, 도구를 보관했고, 낮은 층에는 나이 많은 사람들, 높은 층에는 아이가 있는 가족이 살았어요. 여러분은 역사상 최초로 높은 건물에 살게 된 사람 중 한 명이었을지도 몰라요. 건물이 거리에 반가운 그늘을 드리워주었고, 그늘 덕분에 사람들은 멈춰 서서 대화를 나누고 아이들은 게임을 하며 놀 수 있었어요. 도시를 걸어서 가로지르는 데는 시간이 얼마 안 걸렸어요. 일부 건물은 다리로 연결돼서 거리로 걸어 내려가지 않고도 옆 건물에 있는 이웃집을 방문할 수 있었어요.

시밤의 진흙 벽돌 건축물은 뜨거운 사막 기후에 알맞은 구조예요. 벽돌은 낮에 태양이 내뿜은 열기를 흡수한 다음 밤에 천천히 내보내요.

크리스토프 보이스비우스/게티 이미지

페달 파워

1880년대에 안전 자전거가 발명됐고, 자전거 타기는 금세 걷기보다 직장이나 학교에 빠르게 도착하는 인기 있는 방법이 됐어요. 머리카락에 바람을 느끼며 자전거를 타면 (그 당시에는 헬멧이 없었어요!) 자유로운 느낌을 만끽할 수 있었죠. 1894년에 브루클린은 미국 최초의 자전거 도로 중 하나를 개방했어요. 개방된 첫날에 1만 명의 자전거 이용자가 이 도로를 사용했답니다. 자전거 타기는 지구에도 이로워요. 북아메리카의 평균적인 자동차는 킬로미터당 219그램의 이산화탄소를 배출하기 때문에 매주 몇 번만이라도 자동차 대신 자전거를 타면 배출량을 많이 줄일 수 있을 거예요.

코펜하겐에는 이동하는 자전거가 많아요. 이 많은 자전거를 세울 공간이 필요하죠.
올레시아 쿠즈네소바/Shutterstock.com

자전거 왕국

한때 자전거는 중국에서 도시를 돌아다니는 가장 좋은 방법이었어요. 대부분 사람은 자동차를 소유할 형편이 안됐고, 도심 이동 거리는 자전거를 타고 다녀도 편할 만큼 짧았어요. 아침 통근시간은 자전거의 바다였죠. 1988년 베이징에서는 자전거가 도로 공간의 76퍼센트를 차지했어요. '플라잉 피존'이라고 알려진 자전거의 인기가 제일 높았어요. 1981년부터 1988년 사이에 중국의 자전거 수는 7,700만대에서 2억 2,500만대로 늘어났어요. 요즘에는 자동차 교통이 전국의 도시를 뒤죽박죽으로 만들고 있기는 하지만, 도시 여행 전체의 60퍼센트 이상이 걸어서 또는 자전거를 타고 이루어지고 있어요(전기 자전거가 많아요).

날씨와 상관없는 이동수단

코펜하겐 사람들은 자전거 타는 걸 좋아해요. 화창한 날만이 아니라 비, 우박, 심지어 눈이 와도 자전거 타는 걸 보면 알 수 있죠! 코펜하겐의 전체 통근과 통학 중 62퍼센트는 자전거를 타고 이루어져요. 전체적으로 봤을 때 통근자, 배달원, 아이들과 식료품을 잔뜩 실은 화물 자전거부터 바구니가 달린 자전거까지, 온갖 종류의 자전거를 타고 400킬로미터의 자전거 전용 도로를 매일 143만 1,640킬로미터씩 이동해요. 코펜하겐에 있는 자전거 도로는 다른 도시의 자동차 도로만큼 붐벼요.

> 1917년 미국에는 자전거 경찰이 약 5만 명 있었어요. 자전거는 당시 도로 위에서 가장 빠른 이동수단이었고 경찰관이 도둑을 쫓는 가장 좋은 방법이었죠.

다음 정거장으로 가주세요!

도시가 커지면서 도시를 가로질러 이동하는 데 필요한 시간도 늘어났어요. 1828년에 말이 끄는 커다란 12~14인승 왜건인 옴니버스는 달가닥거리며 파리의 도로를 누볐어요. 거친 도로 위의 충격을 고스란히 받으며 달리는 험난한 여정이었지만, 그래도 사람들은 옴니버스에 올라탔어요. 옴니버스는 도시에 생긴 최초의 대중교통 중 하나였죠. 오늘날 전 세계 도시에서 백만 명의 사람이 버스 정거장에 모이거나 지하철역으로 들어가는 가파른 에스컬레이터를 타요. 도쿄에서 지하철은 도시 한쪽에서 반대편으로 이동하는 가장 빠르고, 쉽고, 저렴한 방법이랍니다.

발 조심하세요

최초의 도시 철로는 말의 무리가 선로를 따라 전차를 끄는 철도마차 시스템이었어요. 1860년 뉴욕시의 철도마차는 그해에만 3,600만 명의 승객을 실어 날랐어요. 하지만 이 시스템에는 문제가 있었죠. 말은 약 2~4시간 정도 일을 하면 지쳐버리기 때문에 전차 한 대를 작동시키는 데 무려 10마리나 되는 말이 필요했어요. 말이 싼 산더미 같은 배설물에서는 악취가 나기도 했고요! 1881년 뉴욕시에서는 2,700명의 거리 미화원이 250만 톤의 말똥을 치웠어요.

전차의 시작

1900년이 되자, 북아메리카의 도시 대부분은 철도마차 철로를 선로 위의 전선으로 움직이는 전기 전차로 대체했어요. 이 전차는 시내 전차라고 불리기도 했죠. 시내 전차 노선은 철도마차보다 도시를 더 넓게 확장했어요. 1917년이 됐을 무렵, 미국에서는 7만 2천 킬로미터의 전차선이 수백만 명의 승객을 목적지로 실어 날랐죠.

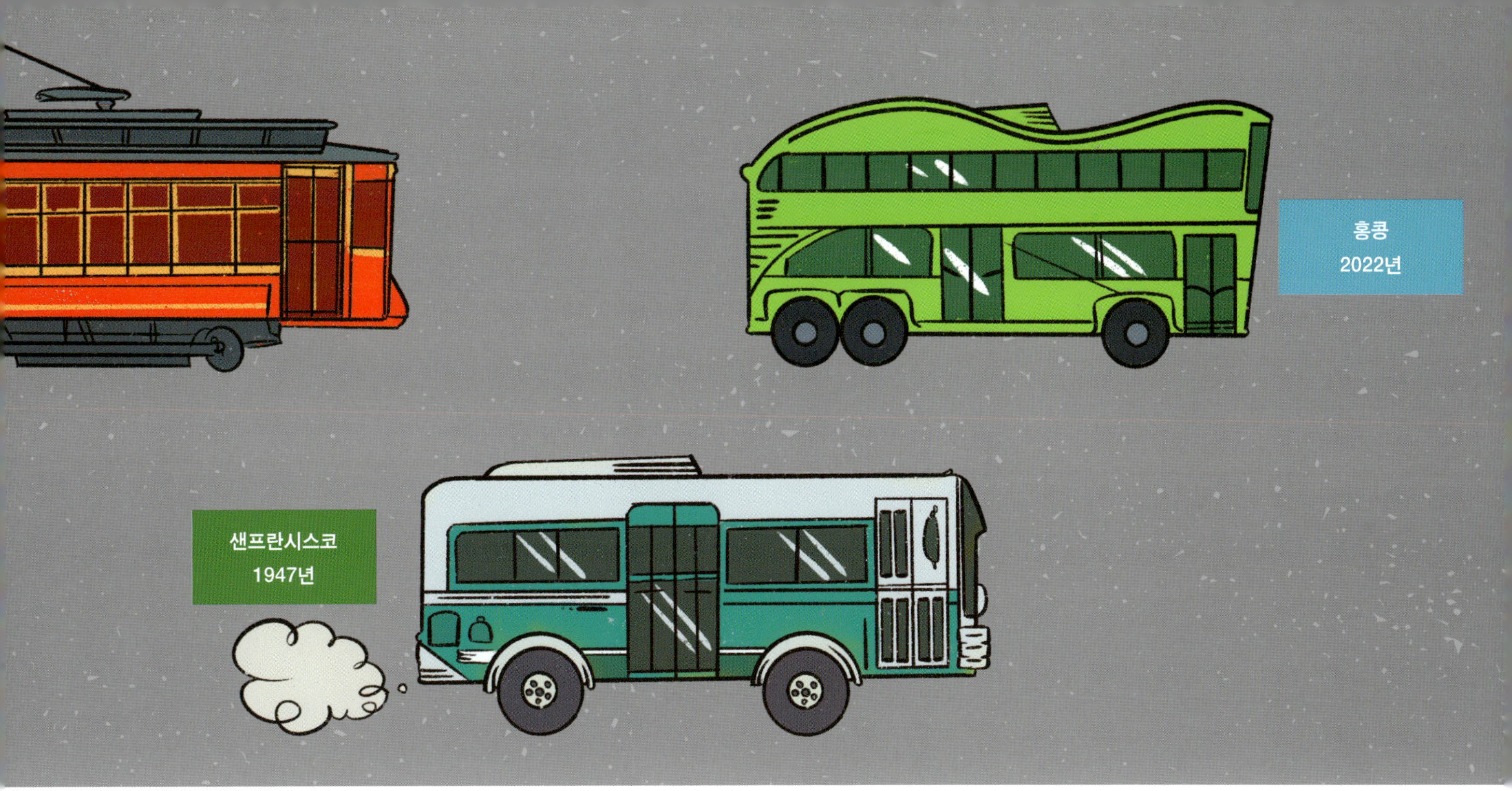

홍콩
2022년

샌프란시스코
1947년

사람과 전차가 1920년대 시카고의 거리를 가득 메웠어요. 1914년에 전차 승차권은 5센트였는데, 이건 지금 돈으로 1.10달러 정도예요.
스테레오스코픽 뷰의 로버트 N. 데니스 컬렉션/위키미디어 커먼즈/공용 도메인

📍 만약 여러분이...
일리노이 시카고에 살았다면

1920년대 시카고에서는 몇 분만 기다리면 전차를 탈 수 있었어요. 보행자, 농부의 왜건, 자전거 이용자와 전차는 가끔 지나다니는 자동차나 트럭과 함께 거리를 누볐어요. 여러분은 뒷문으로 전차에 타서 승무원에게 요금을 내요. 모든 사람이 전차에 다 타고 승무원이 기관사에게 신호를 보내면 전차가 출발해요. 여러분은 미시간호의 호숫가, 시내 박물관, 또는 롤러코스터를 타러 놀이공원으로 향해요. 전차는 죄수와 병원 환자를 실어 나르고, 우편물을 운반하고, 눈을 치우기도 했어요. 관을 싣고 장례식에 참석한 사람을 묘지로 실어 나르는 특별한 '영구차'도 있었어요.

37

화장실에 가고 싶을 때: 소변을 보려면 돈을 내세요

많은 도시에서 공중 화장실에 가려면 동전 몇 개를, 투입구에 넣거나 화장실 관리인에게 내야 해요. 여러분이 파리, 모스크바, 헬싱키 거리의 유선형 공간에 들어가든, 인도, 멕시코에서 관리인이 지키고 있는 작은 건물에 들어가든, 현금을 조금 들고 다니는 건 좋은 생각이에요.

지상으로 다니는 것도 있고 ...

1830년대에 맨체스터를 시작으로 증기 기관차가 영국의 도시로 들어왔어요. 이 기관차를 탄 승객들은 16킬로미터가 넘는 거리를 30분 만에 이동할 수 있었죠. 사람들은 이제 직장에서 멀리 떨어진 곳에 살면서 기차를 타고 도시로 출근할 수 있게 됐어요. 1801년 런던은 동쪽부터 서쪽까지 거리가 8킬로미터였어요. 1901년이 되자 도시 중심부 바깥의 철도역 주변으로 교외 지역이 생겨나면서 런던의 가로 너비는 27킬로미터가 넘게 됐죠.

지하로 이동하는 것도 있고...

1850년대 말, 런던의 거리가 수레, 말, 왜건, 인파로 가득 차면서 시 공무원들은 새로운 철로를 지하에 만들어야겠다는 결정을 내렸어요. 기존의 도로 밑에 터널이 뚫렸고, 1863년 1월 10일에 3만 명이 넘는 사람들이 가스등이 들어온 나무 열차를 타고 패딩턴에서 패링던으로 이동했어요. 증기 기관차가 이 나무 열차를 끌었죠. 이 열차는 세계 최초의 지하철이었어요. 1900년이 되자 통근자들은 파리, 보스턴, 부다페스트, 글래스고, 시카고에서 지하철을 탔고, 오늘날 전 세계 160개가 넘는 도시가 지하철을 갖추고 있어요.

둥둥 떠다니는 것도 있어요!

상하이 자기부상 열차에는 바퀴가 없어요! 대신 이 열차는 전자기 부상을 활용해 철로 위에 둥둥 떠서 철로에 한 번도 닿지 않은 채 이동하죠. 강력한 전자석이 열차 전체를 가이드웨이라고 부르는 철로 위로 10밀리미터 정도 들어 올려요. 이보다 더 많은 전자석이 시속 431킬로미터의 순항 속도로 열차를 앞으로 나아가게 하죠. 상하이 푸둥 국제공항에 도착하는 방문객은 자기부상 열차를 타고 8분도 안 되는 시간 안에 30킬로미터 떨어진 도시의 동부 지역으로 이동할 수 있어요.

더 빨리? 중국은 더 빠르게 움직이는 자기부상 열차를 출시했어요. 최대 속도가 시속 600킬로미터에 달하는 열차죠.
치오 보/Shutterstock.com

태워드릴까요?

버스, 자전거, 기차 외에 다른 이동수단도 있어요. 리스본에서 케이블카는 지역 주민과 여행객들이 도시의 여러 언덕을 오르는 데 도움을 줘요. 방콕에서는 모터가 달린 바퀴 3개짜리 '툭툭'이 거리를 지나다녀요. 전 세계의 도시는 사람들이 마을을 돌아다니는 데 도움을 주는 특별한 대중교통 수단을 만들었어요.

바퀴가 3개 달린 인력 택시

방글라데시 다카에는 수십만 대의 3륜 자전거 택시가 있어요. 이들 자전거 택시는 화석 연료를 태우지 않죠. 요금이 저렴하고, 다른 차량이 갈 수 없는 좁은 도로에도 들어갈 수 있어요. 하지만 운전하기가 쉽지 않고, 때때로 교통 체증의 원인으로 지목당한 답니다. 많은 곳에서 3륜 자전거 택시를 금지했지만, 이들 택시는 여전히 생계를 유지하고 도시를 저렴한 비용으로 편리하게 돌아다니는 수단으로 인기가 많아요.

미니버스 지도 만들기

나이로비(케냐), 아디스 아바다(에티오피아), 아크라(가나)를 비롯한 일부 아프리카 도시에서는 매일 수백만 명의 사람이 민간 소형 버스를 타고 도시를 가로질러 이동해요. 비공식 버스라고 불리곤 하는 이들 버스는 정거장과 시간을 유연하게 운영하고, 요금이 저렴하며, 정규 버스가 운행되지 않는 곳에도 가요. 인기가 많기는 하지만, 사람들이 일정을 예측해야 하는 불편함이 있어요. 이용자들이 미니버스 시스템을 파악하는 데 도움을 주기 위해, 사람들은 휴대전화 전용 디지털 지도를 만들었어요. 이 지도는 사람들이 언제, 어디서 버스를 탈 수 있는지 찾는 데 도움을 주죠.

하늘을 날아서

꼭대기가 눈으로 덮인 안데스산맥의 경치를 즐기며 사무실 건물, 운동 경기장, 집 너머로 평화롭게 도시 위를 날아다니는 상상을 해보세요. 비행기를 타야 하는 일처럼 들리죠? 볼리비아 라파스에서는 23만 명이 넘는 사람들이 매일 케이블카를 타고 하늘을 날아서 직장이나 학교에 가요. 케이블카는 10킬로미터 길이의 노선에서 12초에 한 번씩 26개의 정거장에 도착해요. 전 세계에서 가장 높고 긴 도시 케이블카 시스템이랍니다. 이 시스템이 생기기 전에는 복잡하고 체증이 심한 고속도로밖에 없었고, 사람들은 출퇴근하는 데 많은 시간을 보내야 했어요.

도시의 조감도를 보고 싶나요? 그렇다면 볼리비아 라파스에서 케이블카를 타 보세요.
SAIKO3P/게티 이미지

저기요, 속도 좀 줄이세요!

예전부터 도시 거리는 늘 여러 사람이 함께 사용해왔어요. 사람들은 걸어 다니거나 말을 타고 다녔죠. 시장 가판대에서는 음식을 판매했고, 아이들은 뛰어놀았어요. 새로운 형태의 이동수단이 생기면 갈등이 일어나곤 해요. 철도마차가 등장했을 때 철로가 위험하고 마차가 뒤집힐 것 같다고 생각하는 사람들이 있었어요. 가끔 빠르게 움직이는 자전거 이용자가 가까이 다가오면 놀라서 달아나는 말들도 있었어요. 보행자와 자전거 이용자가 공간을 확보하기 위해 서로를 거칠게 떠밀었고, 부딪히는 사고가 났고, 주먹 싸움이 일어났어요. 자동차가 등장했을 때도 달라진 건 없었어요. 자동차가 빠르게 움직이고 너무 많은 공간을 차지하면서 보행자나 다른 자동차와 부딪혔어요. 사람들은 자동차를 금지하고 속도 제한을 낮추려했지만 실패했답니다. 거리는 점점 더 자동차를 위한 공간이 됐고 다른 사용자들은 밀려났어요.

> 미국에는 10억 개의 주차 공간이 있어요. 자동차 한 대당 4자리씩 있는 셈이죠.

빠른 자동차

1950년대에 미국 정부는 새로 생겨난 교외 지역에 도로를 지으라며 돈을 줬어요. 기술자들이 설계한 고속도로는 도시 주변과 도시를 빠른 속도로 이동할 수 있게 해주었어요. 도시는 바깥으로 뻗어 나갔고, 사람들의 사는 방식을 변화시켰어요. 거대한 주차장이 있는 상점, 학교, 교회, 커뮤니티 센터가 사람들의 집과 떨어진 새로운 고속도로 근처에 자리 잡는 경우가 많았어요. 시간이 지날수록 사람들은 자동차 없이 돌아다니기가 점점 더 힘들어졌어요. 도시가 확장되는 현상은 다른 결과도 불러와요. 휴스턴은 1997년과 2017년 사이에 63퍼센트 성장했어요. 이는 축구장 18만 7,000개에 달하는 1,000제곱킬로미터의 땅이 콘크리트처럼 무언가가 스며들 수 없는 표면으로 뒤덮였다는 뜻이죠. 이런 표면은 물을 흡수하지 못하기 때문에 홍수의 위험을 증가시키고 2017년 허리케인 하비 같은 재난을 일으켜요.

저항

고속도로는 자동차를 가지고 있는 사람에게 편리해요. 하지만 고속도로 건설이 지역 사회를 파괴하는 경우가 많아요. 북아메리카에서는 저소득층이 사는 동네와 유색 인종 공동체가 가장 큰 영향을 받곤 하죠. 사람들은 고속도로 건설에 저항하지만, 이 전투는 승리하기 어려워요. 그래도 고속도로 프로젝트가 중단된 적은 있어요. 1960년대에 운동가 겸 작가인 제인 제이콥스는 뉴욕시 맨해튼을 통과하는 고속도로와 그녀가 사는 토론토의 동네에 고속도로가 생기는 걸 막는 데 도움을 줬어요. 그녀는 도시 계획의 이유와 방식에 대해 많은 질문을 했고 자동차보다 지역 사회에 더 중요한 새로운 아이디어를 제안했어요. 하지만, 이제 찻길과 주차장같이 자동차를 위한 공간은 북아메리카 도시 안에 있는 모든 땅의 50퍼센트까지 차지해요. 동시에 인도는 비중이 줄어들거나 아예 사라졌죠. 그렇다면 도시는 도대체 누구를 위한 걸까요?

1970년 즈음, 브리티시컬럼비아 밴쿠버에서 고속도로 건설을 위해 한때 번창했던 호건스 앨리라는 흑인 공동체가 쫓겨났어요.

우표: 스패튤테일/Shutterstock.com
아래: 밴쿠버시 기록보관소 cov-S593-:CVA-1,23

모두에게 열려있는 도시

도시에 사는 모두가 학교나 직장에 가고, 친구를 만나고, 저녁에 먹을 음식을 사고 싶어 하고, 또 그렇게 해야만 해요. 대중교통은 자동차를 장만하는 것보다 저렴한 비용으로 여기저기 돌아다니는 방법이죠. 교통 체증과 대기 오염을 줄여주기도 하고요. 하지만 대중교통은 언제나 인구가 증가하는 속도에 맞춰서 늘어나지 않고, 도시 구석구석에 있는 모든 사람이 항상 이용할 수 있는 건 아니에요. 대중교통이 없다는 건 일부 사람, 주로 노인이나, 청년, 장애인이나 저소득층이 도시를 돌아다니지 못한다는 뜻이죠. 하지만 이건 바뀔 수 있어요.

> 브라질 쿠리티바에서는 편하고, 저렴하고, 빠른 버스가 자주 운행돼요. 쿠리티바 통근자의 약 70~80퍼센트가 출근할 때 버스를 타죠. 한 연구에 따르면 이 시스템이 매년 2,700만 번의 자동차 이동을 대체했고 대기 오염을 크게 줄였다고 해요.

대중교통이 생기면 이용할 거예요

1990년대 콜롬비아 보고타의 도로는 자동차와 공해로 가득 찼어요. 인구의 약 19퍼센트만이 자동차를 살 여유가 있었고 자동차가 없는 사람들은 돌아다니기가 힘들었죠. 1999년 보고타 시장이었던 엔리케 페날로사는 시내를 통과하는 새로운 버스 네트워크를 만들기로 했어요. 2012년이 됐을 무렵 보고타에는 매일 약 150만 명의 승객을 태우는 버스 1,500대와 급행버스 노선 12개가 있었어요. 대기 오염은 약 40퍼센트 줄어들었죠.

계속 타고 가기

대중교통 시스템이 있어도 수억 명의 휠체어 사용자 또는 시각, 청각 장애가 있는 사람에게 나다니는 일은 몹시 힘들 수 있어요. 1970년대 캘리포니아 버클리에서 장애 운동가들은 휠체어를 탄 사람들의 이동을 방해하는 높고 급격한 도로 경계석의 모서리에 콘크리트 경사로를 만들었어요. 오늘날 많은 도시에서는 도로 쪽으로 내리막을 만들어둔 도로 경계석을 찾아볼 수 있어요. 이 중 여러 내리막에는 볼록 솟은 부분이 있어요. 지팡이를 사용하는 시각 장애인들에게 보도의 경사에 변화가 있다는 사실을 알리는 데 도움을 주려고 설계된 것이죠.

접근성을 개선하는 알림

기술은 도시의 접근성을 개선하는 데 도움을 주는 또 하나의 방법이에요. 일부 도시는 휠체어 사용자들을 돕기 위해 특정 정보를 담은 디지털 지도를 갖추고 있어요. 예를 들어, 이 지도는 거리의 경사가 얼마나 심한지, 경사로가 없는 계단이 있는지 알려줄 수 있죠. 다른 디지털 애플리케이션은 오디오 신호로 시각 장애가 있는 여행자들이 도시에서 길을 찾는 데 도움을 줘요. 그리고 이제 밴쿠버에 있는 8,400개의 버스 정거장에는 시각 장애인이 만지고 읽을 수 있는 브라유 점자 정보가 있어요.

작은 표지판이 큰 효과를 나타낼 수 있어요. 튀어나온 브라유 점자는 시각장애가 있는 사람이 대중교통 시스템을 더 편리하고 자신 있게 사용할 수 있도록 도와줘요.

태와필/Shutterstock.com

모두를 위한 도로

지금까지 살펴본 것처럼 초기 도시는 크기가 작았어요. 그래서 사람들은 걸어서 일상 활동을 할 수 있었죠. 대중교통이 생겼을 때는 그냥 차량에 올라타면 됐었어요. 우리는 이제 제자리로 돌아왔어요. 더 많은 도시가 걷거나 자전거를 타기에 안전한 도로를 만들려고 노력하고 있답니다. 네덜란드에서는 네 살밖에 안 된 어린이가 자전거 통학버스에서 페달을 밟고 있어요. 각 자전거 버스는 어른 운전자 한 명과 12살까지의 어린이 11명이 타도록 설계됐어요. 거리가 자동차 전용 도로, 버스 전용 도로, 자전거 전용 도로, 사람들이 걸어 다닐 수 있는 넓은 보도로 설계돼 있으면 모두에게 좋아요. 공해와 교통 체증이 줄어들고, 사람들이 활동을 더 많이 하게 된다는 의미랍니다!

더 느린 거리

2001년 네덜란드의 도시 드라흐턴에서 한스 몬더만이라는 교통 공학 전문가가 사고를 줄이겠다는 바람을 가지고 신호등이나 표지판이 없는 네 방향 교차로를 만들었어요. 누구에게도 우선 통행권이 없었기 때문에, 모든 사람이 더 많은 주의를 기울였어요. 보행자는 도로를 건너기 전에 주위를 조심스럽게 살폈어요. 운전자는 속도를 늦췄어요. 자전거를 타는 사람은 손을 사용해 신호를 보냈죠. 몬더만은 이 교차로가 안전하다는 걸 보여주기 위해서 눈을 감은 채 뒤로 걸었어요. 교차로가 설치된 지 1년이 지나자 사고는 절반으로 줄어들었지만, 전체적인 교통량은 늘어났다는 결과가 나타났어요. 모든 교차로에 효과가 있지는 않겠지만, 효과가 나타나는 도로가 있을 거예요.

만약 여러분이...
네덜란드 흐로닝겐에
살았다면

지금 여러분이 흐로닝겐에 살았다면 집에 사람보다 자전거가 더 많을 거예요. 작은 아파트나 집이 줄지어 서 있는 좁은 골목에 살 수도 있어요. 거리 위에서 술래잡기, 사방치기를 하거나 공을 던지고 놀지도 몰라요. 자동차가 지나갈 때면 운전자는 달팽이처럼 느린 속도로 운전하면서 여러분이 옆으로 자리를 옮길 시간을 줄 거예요. 사람들은 모든 공간을 함께 사용해요. 보너르프라고 불리는 이 삶의 거리는 자동차가 아니라 길을 지나는 모든 사람을 위한 공간이에요. 자동차가 A에서 B로 이동하는 도로가 아니라 모두를 위한 공간이죠.

나눔은 배려

베를린, 파리, 암스테르담, 런던, 서울, 리우데자네이루, 멕시코시티를 비롯한 여러 도시에는 공유 자전거 시스템이 있어요. 자전거는 도시의 가장 바쁜 곳에 설치되고 적은 비용으로 몇 시간 또는 며칠 동안 자전거를 빌린 뒤, 다른 자전거 정거장에 반납할 수 있어요. 공유 자전거, 택시, 스쿠터…, 도시에 공유 자원이 많을수록 돌아다닐 때 탈 수 있는 선택지가 더 많아져요.

15분 도시

걷거나 자전거를 타고 15분 만에 학교, 직장, 상점, 커뮤니티 센터, 도서관, 병원 등 모든 목적지에 도착할 수 있다면 어떨까요? 바로 이게 파리, 멜버른, 청두(중국)를 비롯한 다른 도시의 도시 계획가들이 현실로 만들고자 하는 개념인 '15분 도시'의 배경이 되는 아이디어예요.

지금 도시 교통 체계의 미래는

모든 걸 전기로
버스부터 자동차, 자전거까지, 탄소 배출량이 줄어들면 사람늘이 숨쉬기 더 좋은 공기가 될 거에요.

튜브를 통해 '쉭' 하고 지나가는 유선형 공간
여러분만의 개인 유선형 공간을 타고 지하 튜브를 통해 이동하는 긴 어떨까요?

터널형 버스
버스보다 더 좋은 건 뭘까요? 이 버스는 1,000명이 넘는 승객을 실을 수 있고, 실제로 도로의 다른 차량 위에 있는 특별한 길을 달리죠. 이건 몇 가지 큰 교통 문제를 해결할 수 있어요.

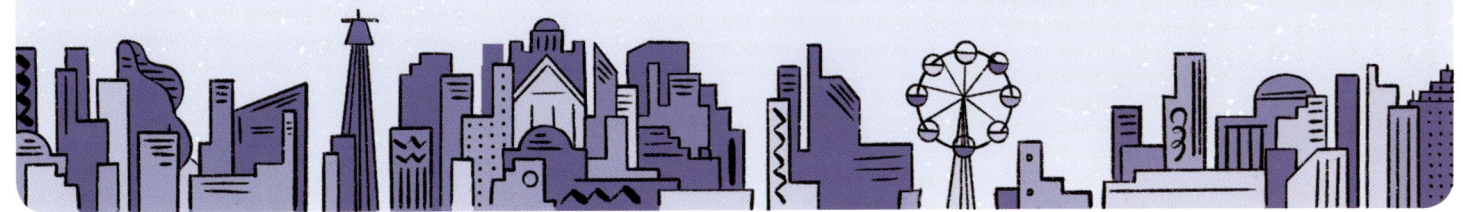

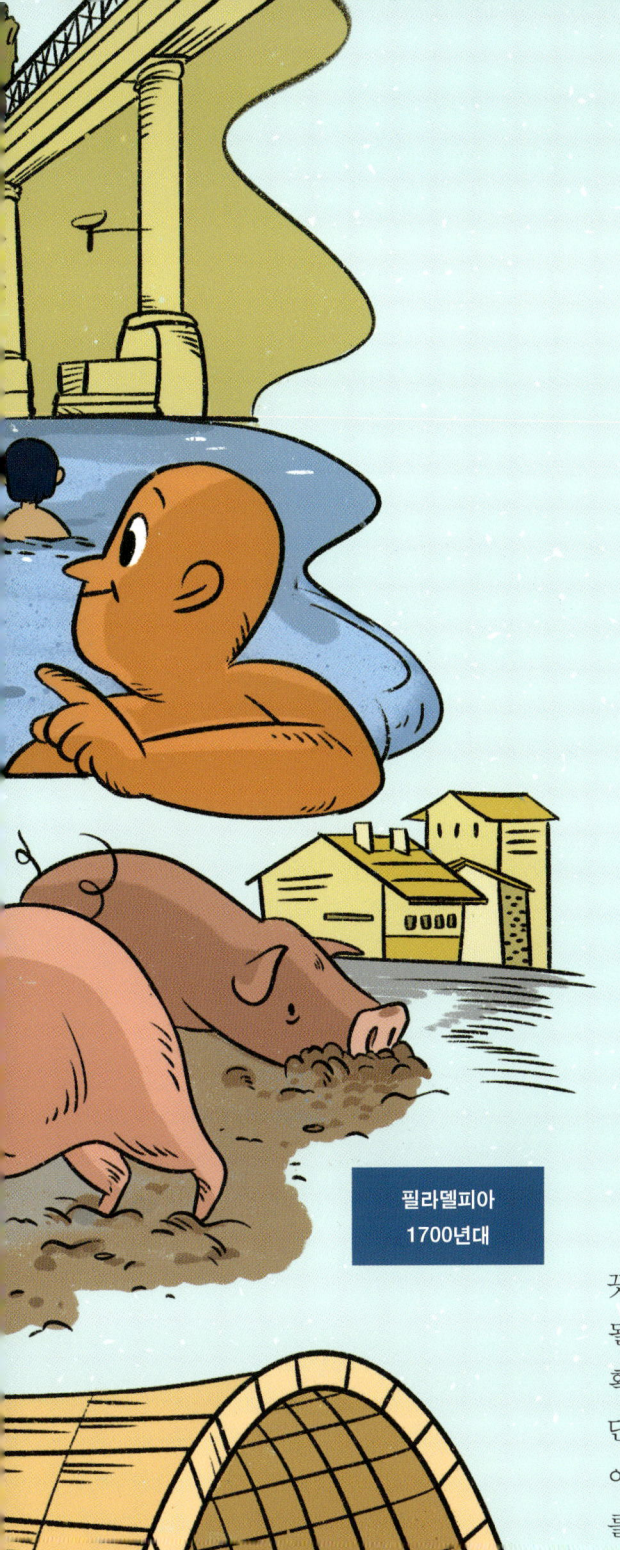

필라델피아 1700년대

세 번째

물과 쓰레기

제로 웨이스트는 가능할까?

사람은 물 없이 단 하루도 살 수 없어요. 그래서 모든 도시는 처음부터 깨끗한 식수 근처에 있어야 했죠. 하지만 사람이 있는 곳에서는 쓰레기가 배출될 수밖에 없어요! 세균은 사람이 북적거리는 곳을 좋아하기 때문에 도시 계획가와 기술자는 물과 쓰레기를 떨어뜨려 놓는 방법을 찾아내야 했어요. 간단한 일처럼 들리죠? 하지만 실제로는 그렇게 쉽지 않아요. 안전하지 않은 물이 도시에 사는 사람을 병들게 한 적이 많아요. 오늘날 카이로와 멕시코시티를 비롯한 여러 곳에 물 공급이 부족해요.

쓰레기는 어떨까요? 요즘은 쓰레기를 밖에 내놓으면 트럭이 와서 가져가거나, 쓰레기를 건물 쓰레기장에 갖다 놓죠. 그런데 그다음에는 어떻게 되는 걸까요? 시간이 지나면서 도시는 쓰레기에서 보물을 만들어낼 방법을 찾아냈어요. 과거로부터 현재와 미래의 도시에서 생기는 쓰레기 처리 방식을 배울 수 있을까요? 지구는 분명히 그러길 바라죠. 좋은 소식은 인간이 모든 걸 재사용하고, 줄이고, 재활용하려고 한다는 거예요. 그래요, 모든 걸요!

목 축이기

깊은 우물에서 길어오건, 지붕에서 모으건, 간단하게 부엌 수도꼭지를 돌리건, 어떤 방법으로든 식수를 갖추고 있다는 건 생존에 꼭 필요한 요건이죠. 도시가 커질수록 물에 대한 수요 역시 늘어나요. 그와 동시에 기후 위기로 많은 곳이 식수 부족에 시달리고 있어요. 하지만 과거에서 얻은 아이디어가 우리를 도울 수 있을 거예요. 물의 미래는 결국 물을 한 번 이상 재사용하는 거예요.

마실 물방울 모으기

송수로
도시로 담수를 이동시키려고 지은 수로로 유명한 건 로마였지만, 송수로는 이집트, 인도, 튀르키예를 비롯한 많은 곳에서 만들어졌죠.

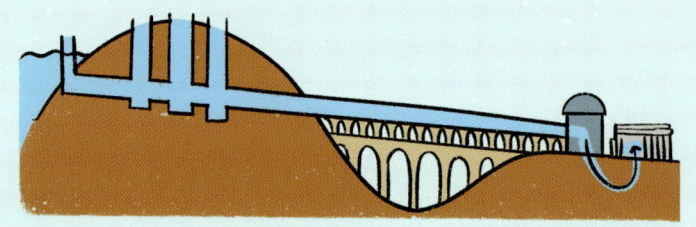

빗물 수확하기
역사적으로 아프리카, 아시아, 아메리카대륙에 있는 도시는 빗물을 모아서 지하 동굴이나 물탱크에 보관했어요. 오늘날 전 세계 도시에서는 주로 지상 저장 탱크에 빗물을 모아요.

댐과 저수지
댐은 물의 흐름을 막기 위해 강물을 가로질러 지어진 구조물이에요. 댐 뒤에 모이는 물은 저수지라고 불리는 호수를 이뤄요. 저수지는 도시에 식수를 공급해 줘요. 수 킬로미터씩 뻗어 나가는 파이프를 통해 공급될 때도 있죠.

기원전 800년 즈음 사막 기후에 연중 내내 물을 공급하고 낮 동안의 열기를 피할 공간을 제공하기 위해 인도 라자스탄에 찬드 바오리의 계단식 우물이 지어졌어요. 이곳은 13층까지 있고 3,500개의 계단이 있어요! 휴!

마크 기타드/게티 이미지

사람이 붐비는 곳을 좋아하는 세균

고대에는 중국 샹펀 같은 장소에서 그랬던 것처럼 도자기 벽돌을 쌓아 올린 깊은 우물에서 물을 길었을 거예요. 만약 물이 맑고 냄새가 나지 않는다면 한 모금 마셔 봤겠죠. 물에서 끔찍한 맛이 나지 않는다면 마셔도 안전한 물이라고 생각할 거예요. 고대 그리스와 중국을 비롯한 문화에서는 물이 전염병을 퍼뜨릴 수 있다고 의심하며 물을 끓이는 게 현명하다고 생각하긴 했지만, 사람들은 눈에 보이지 않는 세균의 개념을 수천 년이 넘게 지나서야 비로소 이해했어요.

1854년 영국 런던에서는 콜레라가 유행했어요. 당시 사람들은 콜레라가 더러운 공기를 타고 퍼진다고도 생각했어요. 하지만 존 스노우라는 지역 의사가 어떤 동네 사람들은 콜레라에 걸렸지만, 한 블록 떨어진 곳에 사는 사람들은 병들지 않았다는 사실을 확인했어요. 그가 조사한 내용에 따르면 콜레라에 걸린 사람들은 쓰레기로 오염된 우물에서 물을 길어 마셨던 것이었어요. 스노우 박사는 사람들이 이 우물을 사용하지 못하도록 우물을 없애달라고 했어요. 그러자 콜레라가 더는 퍼지지 않았어요.

깨끗한 물?

1806년에 파리는 깨끗한 식수를 얻고 분뇨 같은 고체를 제거하려고 모래와 숯을 사용했지만, 물의 외관을 개선하려는 게 주된 목적이었어요. '악취가 나거나', '더러운' 공기가 병을 일으키는 건지, 아니면 진짜 범인이 세균과 기생충인지에 대해서는 여전히 큰 논쟁이 있었어요. 1893년 함부르크의 도시 공무원은 공공 상수도에 화학 살균제인 염소를 넣었어요. 1908년 저지 시티는 미국에서 최초로 마시는 물에 염소를 넣었어요. 수천 개의 도시도 이 방법을 도입했고, 장티푸스와 콜레라에 걸리는 사람이 크게 줄어들었어요.

염소가 도움이 되긴 했지만, 지금도 여전히 도시에 사는 사람 중에 안전한 식수를 마시지 못하는 사람이 많아요. 물을 납관으로 공급하거나 공급된 물에 산업 화학 약품이 침출되는 등 여러 가지 원인이 있어요. 2020년에 미국에서만 3천만 명이 넘는 사람이 보안 규정을 위반하는 시스템에서 물을 얻었어요. 2022년 캐나다의 지역 사회 29곳에서는 물을 끓여 마시라는 경고가 있었어요. 그중 많은 곳이 원주민이 생활하는 지역 사회였답니다.

물이 부족한가요? 이렇게 해봅시다

2015년 브라질 상파울루는 물이 거의 고갈되기 직전, 비가 내린 덕분에 살아남았어요. 기후 위기는 날씨 패턴을 바꾸었고, 도시는 과거를 돌아보면서 깨끗한 물을 얻는 새로운 방법을 고민해볼 수 있어요.

폐수

캘리포니아의 오렌지카운티는 17개의 도시로 이루어진 지역이에요. 인구 250만 명이 살고 있죠. 이 지역은 거의 모든 폐수를 재활용하고 매일 5억 9,100만 리터의 식수를 만들어낼 예정이에요.

소금물

점점 더 많은 도시가 바닷물을 식수로 활용하고 있어요. 문제는 염분 제거라고 불리는 과정을 통해서 바닷물에 있는 소금을 제거하지 않으면 바닷물을 마실 수 없다는 거예요. 세계에서 가장 건조한 국가 중 하나인 이스라엘은 식수의 80퍼센트를 염분 제거에 의존해요. 샌디에이고에서는 매일 4억 5,500만 리터의 소금물에서 2억 2,700만 리터의 식수를 만들어요.

빗물

싱가포르, 벵갈루루(인도)와 멕시코시티를 비롯한 여러 도시에 빗물을 모았던 옛 관행이 돌아왔어요. 이들 도시는 모두 식수와 가정용으로 사용하기 위해 탱크에 빗물을 보관하는 시설을 갖추고 있어요. 브라질 상파울루와 쿠리치바의 신축 건물에는 빗물 이용 시설이 반드시 있어야 해요.

모든 사람에게는 매일 마실 깨끗한 물이 필요해요.
더운 날에 깨끗한 물을 마시면 정말 상쾌하죠!

마크 리키타/게티 이미지

📍 만약 여러분이… 오늘날의 파키스탄, 모헨조다로에 살았다면

모헨조다로는 고대(기원전 2500년~1900년) 전성기일 때 10만 명에 달하는 사람이 살았던 활기찬 도시였어요. 이 도시에는 회의장, 시장, 곡식 창고와 대중목욕탕이 있었어요. 여러분의 부모님은 금이나 돌로 보석을 만드는 장인이었을 수도 있어요. 여러분은 도시 곳곳에 자리한 700군데의 담수 우물에서 물을 길어오는 일을 해야 했을지도 몰라요. 우물이 많아서 무거운 물통을 들고 조금만 걸어오면 됐을 거예요. '볼일'을 봐야 하면 어떡하냐고요? 여러분의 집 안에 있는 화장실에 가면 돼요. 구운 점토로 만든 이 화장실의 배수구는 지하 하수관으로 분뇨를 옮겼어요..

고고학자들은 이 사진의 가운데에 보이는 '위대한 목욕탕'을 중심으로 오늘날 파키스탄이 된 고대 도시 모헨조다로가 있었다고 생각해요. 여기 사는 사람에게는 몸을 청결하게 유지하는 일이 가장 중요했던 게 분명해요!

사큅 케이염/위키미디어 커먼스/CC BY-SA 3.0

물은 들여보내고, 분뇨는 내보내고

모든 인간에게는 매일 마실 물과 먹을 음식이 필요해요. 하지만 그 이면에는 모두가 화장실에 가야 한다는 사실이 있죠. 분뇨를 처리하는 건 악취가 나는 일이지만, 도시가 피할 수 없는 문제예요.

고대 화장실과 수도꼭지

많은 고대 도시에는 근처에 우물이 있었고, 실내 화장실과 악취가 나는 오물을 내보낼 하수도 시설도 있었어요. 고대 로마인은 탕이 여러 개 있는 공중목욕탕을 가지고 있었어요. 4세기가 되었을 때 6만 명이나 되는 사람이 한꺼번에 목욕할 수 있었다는 이야기도 있어요! 송수로는 로마의 도시에 신선하고 깨끗한 수돗물을 제공했어요. 이 수돗물은 분뇨를 처리해주기도 했죠.

산더미처럼 쌓인 똥

1300년대 런던에는 지독한 악취가 났어요. 하지만 냄새가 가장 큰 문제는 아니었죠. 분뇨가 쌓이고 있었어요. 사람들이 오물통을 마련했지만, 통 몇 개가 새면서 이웃 사이에 갈등이 일어났어요. 해가 지면 분뇨를 처리하는 사람들이 분뇨를 수레에 퍼 올려 마을 밖으로 가지고 나갔어요. 이 서비스에 비용을 낼 여유가 없는 사람들은 자기 집 요강에 들어있는 오물을 창밖으로 던졌죠. 오물을 던지면 벌금 2실링을 내야 했지만, 범인을 잡기는 힘들었어요. 쥐가 득실대면서 2,500만 명의 중세 유럽 사람을 죽음으로 몰아넣은 치명적인 흑사병 같은 질병을 퍼뜨렸어요.

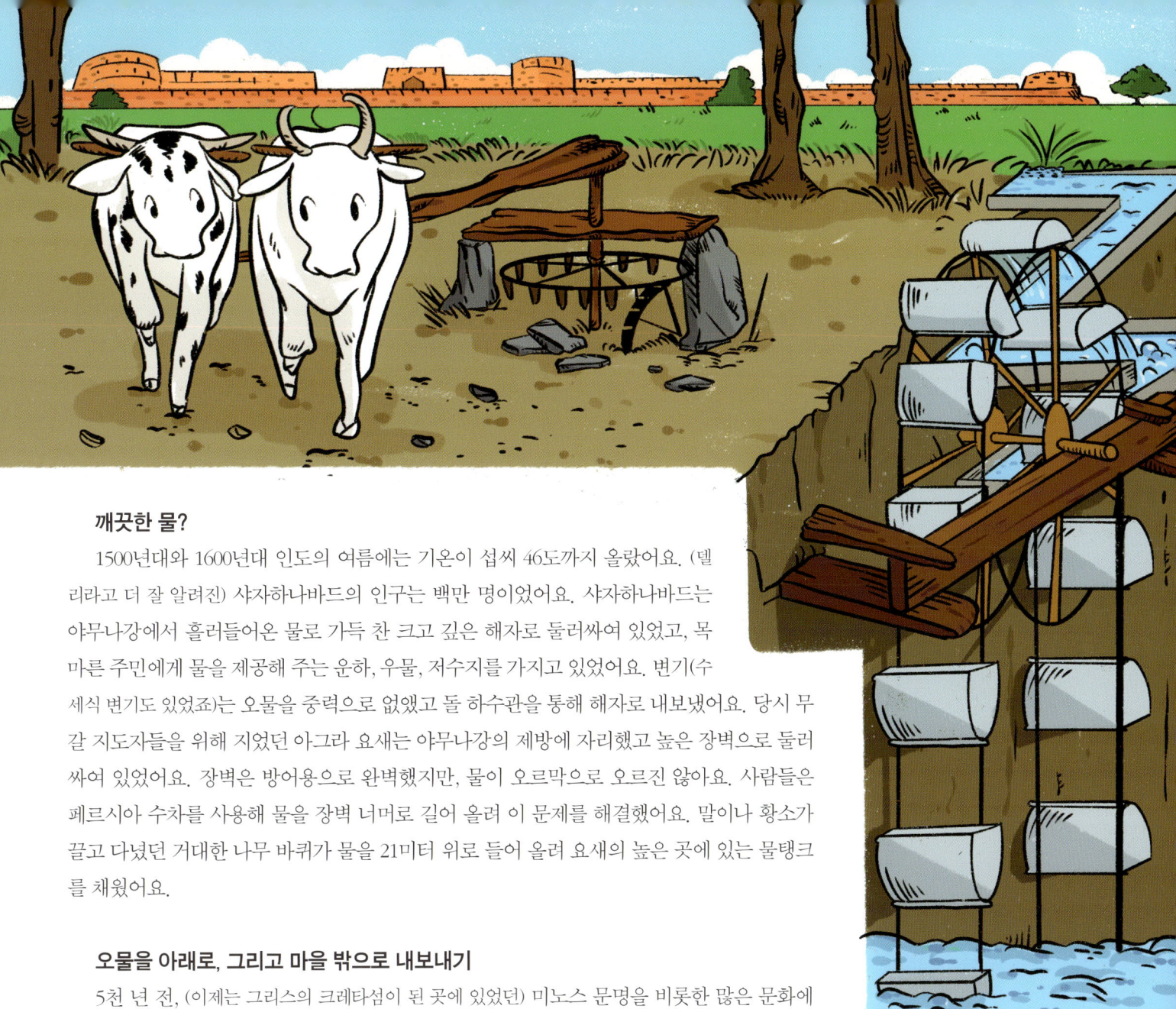

깨끗한 물?

1500년대와 1600년대 인도의 여름에는 기온이 섭씨 46도까지 올랐어요. (델리라고 더 잘 알려진) 샤자하나바드의 인구는 백만 명이었어요. 샤자하나바드는 야무나강에서 흘러들어온 물로 가득 찬 크고 깊은 해자로 둘러싸여 있었고, 목마른 주민에게 물을 제공해 주는 운하, 우물, 저수지를 가지고 있었어요. 변기(수세식 변기도 있었죠)는 오물을 중력으로 없앴고 돌 하수관을 통해 해자로 내보냈어요. 당시 무갈 지도자들을 위해 지었던 아그라 요새는 야무나강의 제방에 자리했고 높은 장벽으로 둘러싸여 있었어요. 장벽은 방어용으로 완벽했지만, 물이 오르막으로 오르진 않아요. 사람들은 페르시아 수차를 사용해 물을 장벽 너머로 길어 올려 이 문제를 해결했어요. 말이나 황소가 끌고 다녔던 거대한 나무 바퀴가 물을 21미터 위로 들어 올려 요새의 높은 곳에 있는 물탱크를 채웠어요.

오물을 아래로, 그리고 마을 밖으로 내보내기

5천 년 전, (이제는 그리스의 크레타섬이 된 곳에 있었던) 미노스 문명을 비롯한 많은 문화에서는 식물 재배에 하수를 활용했어요. 이후 유럽, 중국, 일본의 여러 도시에서는 가정에서 배출한 오물이 담긴 양동이를 모아서 마을 밖으로 내보냈어요. 이 과정은 도시에서 배출한 산더미 같은 오물을 처리해 주면서 농부들의 밭에 소중한 비료를 제공해 줬어요. 오늘날 일부 도시는 하수를 바이오 고형물로 바꾸고 있어요. 미주리 캔자스시티에서는 매년 7천만 갤런이 넘는 미처리 하수를 바이오 고형물로 처리하죠. 이 고형물은 옥수수와 대두를 위한 영양분으로 가득 차 있어요. 농부들은 이 고형물 비료를 사용해 작물을 길러서 바이오 연료 생산자들에게 판매한답니다.

하지만 이 외에도 오물을 없애는 방법이 있었어요. 1800년대 중반에 안전하지 않은 물과 하수의 악취에 질린 사람들은 지하에 주요 하수도를 만들었어요. 1870년이 되었을 무렵, 런던에서는 3억 개가 넘는 벽돌을 사용해 132킬로미터 길이의 하수관을 만들었죠! 다른 도시들도 뒤따랐어요. 깨끗해진 물, 개선된 오물 처리 방식과 함께 도시는 살기 더 안전하고, 쾌적하고, 악취가 덜한 곳이 되었어요.

> 19세기 중반이 되자, 도시 기술자들은 강이 흐르는 방향을 통째로 뒤집었어요. 시카고강이 너무 많이 오염되었기 때문이었죠. 그렇게 해서 하수와 오염 물질을 도시에서 내보내고 미시간호에서 끌어온 깨끗한 물을 시카고로 보냈어요.

지하 도시

마을이나 도시에 있는 보도를 걸을 때, 여러분은 파이프, 터널, 하수관이 미로처럼 얽혀있는 숨겨진 세상 위를 걷는 거예요. 이런 것들이 없으면 집에서 물이 나오지 않고, 변기 물을 내릴 수 없고, 오물과 물을 분리하는 일은 거의 불가능할 테죠.

하수관 구경하실 분?

1870년 파리에서 보트를 타고 하수관 구경하기는 인기 있는 하루 여행 코스였어요. 모든 시스템이 잘 작동하도록 하는 일은 하수관 감독관의 중요한 역할이었어요. 감독관은 막힌 하수관이나 물이 새는 파이프 같은 문제를 찾기 위해 손에 밝은 불빛을 쥐고 터널 안으로 내려갔어요. 오늘날의 감독관은 문제를 찾을 때 파이프 속에 넣는 카메라 등의 기술을 사용해요.

악어 조심

뉴욕시의 지하 세계는 거의 80층 아래로 내려가요. 보도 밑 깊은 곳에는 물과 증기관이 구불구불하게 있고, 거북이가 하수관에서 수영하고, 낡은 배, 6차선 고속도로와 나무숲 전체가 지하 세계 깊숙이 묻혀있어요. 악어 이야기는 여전히 의심받고 있어요.

화장실에 가고 싶을 때: 최초의 공중 수세식 변기

1851년 런던은 수정궁에서 대영 박람회를 개최했어요. 방문객에게 특히 인기가 많았던 전시는 '대기실'이었어요. 수세식 변기가 있는 최초의 공중 화장실이 있었죠. 총 82만 7천 명이 화장실을 사용했고, 특히 붐볐던 하루 동안에는 1만 1천 명의 사람들이 이 시설을 사용했어요.

하수관 설치를 위한 자리 마련하기

1854년에 터진 콜레라로 시카고에 거주하는 20명 중 1명이 세상을 떠났어요. 시카고는 이미 지어진 건물 아래에 하수관을 지어야겠다는 결정을 내렸어요. 1860년에 600명의 노동자가 건물 아래에 하수관을 설치할 공간을 만들기 위해 잭을 사용하여 한 번에 한 블록씩 상점, 사무실, 호텔을 위로 1.8미터씩 들어 올렸어요. 이 작업은 오랜 시간이 걸렸고, 도시의 하루는 평소처럼 계속됐어요.

뉴욕시 하수관에는 정말 악어가 살까요? 그렇다고 믿는 사람들도 있지만, 확실히 악어가 산다고 말할 수 있는 사람은 아무도 없어요. 1930년대에는 새끼 악어를 반려동물로 키우는 게 유행했어요. 악어의 크기가 귀엽다고 하기에는 너무 커지자 사람들이 악어 몇 마리를 '풀어줬던' 것 같아요. 그런데 그 악어들을 어디에 풀어 준걸까요?

올드 메이저/Shutterstock.com

숫자로 보는 도시 하수관

필라델피아, 1800년대 초
솔 통나무로 만든 72킬로미터 길이의 파이프

파리, 1870년대
도시 아래 482킬로미터가 넘는 길이의 하수관 터널

뉴욕시, 2022년
11,909킬로미터가 넘는 길이의 파이프

하수관 터널과 파이프의 크기는 다양해요. 편하게 걸어서 지나갈 수 있는 곳도 있지만, 비집고 들어갈 수조차 없는 곳도 있어요. 납, 주철, 점토, 콘크리트, 심지어 안을 파낸 통나무로 만든 것도 있죠.

아츠시 후지카와/EYEEM/게티 이미지

숲이 있는 도시

싱가포르의 50퍼센트 이상은 공원과 녹지로 이루어져 있어요.

런던에는 나무가 사람만큼 많이 있어요.

인도 센네이는 오염 물질을 흡수하고 기온을 낮출 미니 숲 1,000개를 조성할 계획이에요.

폭풍 흡수하기

큰 폭풍이 몰아치는 도중에 바깥을 돌아 다녀본 적이 있다면 빗물이 거리와 보도 위로 떨어진 다음 배수관으로 간다는 사실을 알아챘을 거예요. 빗물은 결국 강과 호수로 흘러 들어가죠. 하지만 거리와 도시의 건물은 홍수를 줄이기 위해 빗물을 흡수하고, 빗물을 다른 용도로 사용할 수 있어요. 우리가 모든 빗방울을 최대한 활용할 수 있도록 말이죠. 한 연구에 따르면 필라델피아, 시애틀, 시카고를 비롯한 여러 도시에 빗물 수집 시스템을 설치하면 거주자들이 식수가 아닌 물의 21~75퍼센트를 모을 수 있다고 해요.

빗물 정원은 거리나 도시의 다른 표면에서 빗물을 모으고 물을 다시 땅속으로 흡수하는 데 도움을 줘요. 그러면서 오염 물질이나 잔해가 마시는 물에 들어가기 전에 걸러 내죠. 이 사진에 있는 빗물 정원은 비가 많이 오는 저희 동네, 브리티시컬럼비아 밴쿠버에 있어요.
데이브 클렌데넌

빗물은 탱크에 모아서 정원에 물을 주는 데 사용할 수 있어요. 집 안에서 변기 물을 내리거나, 설거지할 때 사용하면서 소중한 식수를 절약할 수도 있죠. 하늘에서 모은 물로 뭘 하면 좋을까요? 딸기에 물주기? 빨래하기? 물로 장난치기?
디러블리 픽스/Shutterstock.com

쓰레기 구덩이

오늘날 그리스의 일부인 고대 미노스 문명에는 흙으로 뒤덮인 쓰레기 구덩이가 있었어요. 고고학자들은 고대 로마와 인도의 도시에서 버려진 도자기 무더기를 발견했는데, 이 도자기들이 음식을 보관할 때 사용된 그릇이라고 생각하고 있어요. 대부분의 역사 시기에 사람들은 쓰레기를 땅에 묻거나 수로에 던졌고, 거리에 그냥 버리기도 했어요. 오늘날 버려지는 쓰레기에는 오래된 전자 기기, 건전지, 그리고 사람의 건강과 지구에 해로운 유독 화학 물질이 가득한 다른 물질이 들어 있곤 해요.

> 지금 센트럴 파크가 된 곳에는 작은 돼지 농장인 양돈장이 있었어요. 도시에 쓰레기 수거장이 생기기 전에는 이 양돈장에서 뉴욕시의 음식물 쓰레기 일부를 처리했어요. 매일 약 907킬로그램의 음식물 쓰레기를 먹는 데 돼지 75마리가 필요했답니다.

날뛰는 돼지

1700년대 필라델피아에서는 돼지들이 도시의 쓰레기를 청소하는 데 도움을 줬어요. 돼지들은 거리를 누비면서, 도로에 던져진 썩어가는 음식물을 먹었죠. 1793년에 터진 황열병은 도시에 사는 5,000명(인구의 10퍼센트)의 목숨을 빼앗아갔어요. 거리를 청소하면 병이 퍼지는 걸 막는 데 도움이 될 거라고 생각됐죠. 사람들은 1881년이 되어서야 황열병의 원인이 모기라는 걸 알게 됐어요. 황열병 같은 유행병은 비록 사람들이 진짜 원인을 알진 못했지만, 도시의 거리를 청소하고 쓰레기를 치우는 등 많은 사람이 오늘날까지도 혜택을 받는 일에 더 큰 책임감을 느끼도록 자극해 줬어요.

태우거나 버리거나

쓰레기를 없애는 방법 중에는 쓰레기를 소각하는 방법이 있어요. 디스트럭터라고 불렀던 최초의 소각로는 1874년 영국 노팅엄에 지어졌어요. 1900년대에 소각로는 북아메리카를 가로질러졌죠. 하지만 쓰레기를 태우면 유독성 가스가 생겨요. 1957년 로스앤젤레스는 대기가 너무 오염돼서 소각로를 금지해야 했어요. 쓰레기 매립지라고도 불리는 쓰레기 처리장에도 문제점이 있어요. 쓰레기 처리장은 땅속으로 유독성 화학 물질을 흘려보내고 기후 위기에 영향을 주는 가스인 메탄을 뿜어내거든요. 도시에서 가장 가난한 사람들이 폐기물 투기장 근처에 살며 유독성 가스에 노출된 채 살아가는 경우가 많아요.

미스터 트래시 휠은 태양열과 수력으로 작동하는 쓰레기 청소기예요. 볼티모어의 내항으로 흘러 들어가는 쓰레기와 잔해를 수집하죠.
애덤 린드퀴스트/워터프론트 파트너십 오브 볼티모어

쓰레기 동력

북아메리카에서 가장 큰 쓰레기 매립지는 라스베이거스 에이펙스 지역의 매립지예요. 이 매립지는 매년 226,796톤의 고형 폐기물을 받아요. 매립지에서 나온 메탄가스는 11,000개의 가정에 공급할 만큼의 충분한 에너지를 만들어내죠. 다른 도시는 동력을 얻기 위해 쓰레기를 태우고 있어요. 스웨덴 린셰핑에서는 매일 24시간 동안 쓰레기를 태워서 도시에서 사용할 동력을 만들어내요. 폐자원 에너지화라고 알려진 작업이죠. 이 작업이 매립지 대신 쓰레기를 처리해 주기는 하지만, 여전히 오염을 일으키므로 깨끗한 에너지원은 아니에요. 종량제, 폐기물 에너지화는 도시 쓰레기를 관리하는 새로운 방법이에요. 하지만 애초에 쓰레기를 그렇게 많이 만들어내지 않으면 어떨까요?

쓰레기를 가져가려고 음악을 내보내고 있어요! 음악이 나오는 트럭은 몇 가지 다른 곡도 틀지만, 가장 많이 트는 곡은 베토벤의 '엘리제를 위하여'예요.

玄史生/위키미디어 커먼스/퍼블릭 도메인

📍 만약 여러분이... 대만 타이베이에 살았다면

여러분이 2023년 타이베이에 살고 있다면 창문을 통해 노래가 흘러들어올 때 귀를 쫑긋 세울 거예요. 이 노래는 주민들에게 쓰레기를 가져갈 시간이 됐다는 걸 알리려고 트럭에서 흘러나오는 노래랍니다. 여러분은 부엌으로 달려가서 일반 쓰레기와 재활용 쓰레기를 모아온 다음, 계단을 내려가 거리로 나갈 거예요. 봉투는 여러분이 직접 트럭 안으로 던져요. 쓰레기 트럭 뒤로는 재활용 쓰레기 트럭이 따라와요. 보통은 많은 사람이 트럭 주변에 모이기 때문에, 이웃과 교류할 기회가 생길 수도 있어요. 타이베이에서는 쓰레기를 땅이나 도로 경계석에 올려놓는 걸 금지하고 있어요. 쓰레기는 쓰레기 트럭에 바로 넣어야 해요. '종량제' 시스템이죠. 사용해야 하는 쓰레기봉투를 구매할 때는 비용을 내야 하지만, 재활용이나 퇴비용으로 쓸 수 있는 것은 무료로 폐기할 수 있어요.

두 번째 기회

쓰레기일까요? 기회일까요? 우리는 쓰레기를 많이 버리지만, 이 중 많은 쓰레기가 다른 무언가로서 새로운 삶을 살 수 있어요! 재활용 쓰레기통이나 수거 트럭이 생기기 전에 사람들은 오래된 물건을 버리기보다 재사용하거나 다른 용도로 활용했어요. 여러 도시에서 여전히 그렇게 하고 있고요. 쿠바에서는 거의 모든 물건을 재사용했어요. 다른 목적으로 바꾸거나 고쳐 쓰기도 했죠. 택시를 타면 낡은 청바지로 만든 좌석 커버에 앉게 될지도 몰라요. 이 좌석 커버는 원래 옷에 있던 구멍을 숨기고 있겠죠. 문 손잡이에서 녹이 벗겨진다면 단단한 밧줄 고리로 대체할 수 있어요. 여러분의 선풍기나 시계가 고장 난다면 부러진 다른 걸 찾아서 부품을 합치면 돼요.

분류하고 찾아내기

17세기에 오늘날의 도쿄인 에도에서는 매일 아침이 밝으면 시장이 열렸어요. 여기에서 판매된 낡은 옷은 기저귀, 걸레 등 기타 가정용품으로 재사용됐어요. 이건 '모타이나이'라는 옛날 일본식 개념을 반영해요. 우리가 소유한 모든 물건을 소중히 여기고 그냥 버리면 안 된다는 의미를 담고 있죠. 이 철학은 오늘날에도 여전히 실천되고 있어요. 2020년 도쿄 올림픽에서는 대중이 기부한 전자 기기를 재활용해서 메달을 만들었어요.

1854년 영국 런던에는 다른 용도로 바꿔서 쓸 낡은 천과 금속을 모아 생계를 유지하는 사람이 많이 살았어요. 이들이 없었다면 런던은 쓰레기로 가득 찼을 거예요. 오늘날에는 여러 도시가 재활용 프로그램을 갖추고 있지만, 그런 프로그램이 없는 곳도 많아요. 더반(남아프리카), 마닐라(필리핀), 푸네(인도) 같은 곳에서는 약 1,500만~2,000만 명의 사람이 쓰레기를 수거하며 생계를 이어가고 있어요. 이들은 중요한 서비스를 제공하지만, 대부분은 위험하고 건강에 해로운 환경에서 일해요.

빈 병 넣고 선물 받기

콜롬비아 보고타의 쇼핑몰, 공공 광장, 학교에서는 빈 병 회수기를 찾아볼 수 있어요. 플라스틱 병을 넣으면 영화표나 레스토랑 쿠폰 같은 선물을 받아요. 이 회수기가 수거한 플라스틱은 재활용돼요. 뉴델리와 베이징을 비롯한 다른 도시에도 비슷한 기계가 있어요.

쓰레기가 아니라, 보물이에요

카이로 800년대 — 마로 만든 줄, 어망, 낡은 가운을 종이로 탈바꿈시켰어요.

영국의 런던 1400년대 — 은 동전을 녹여서 숟가락을 만들었어요.

뉴욕시, 1980년대 — 새 캔을 만들기 위해 알루미늄 캔을 모으고 반납했어요.

인도의 델리 2020년대 — 오래된 전화기 같은 전자 폐기물을 모으고 다른 용도로 바꿔서 사용했어요.

만약 여러분이...
브라질 쿠리티바에 살았다면

1990년대가 됐을 무렵 여러분은 더운 날 차가운 음료를 구매한 뒤, 다 마시고 남은 빈 병을 쉽게 재활용할 수 있었어요. 전 도시에서 시행하는 교환 프로그램 덕분에 시민들은 도시에서 배출된 쓰레기의 70퍼센트 이상을 분류하고 재활용해요. 시민들은 쿠리티바가 지역 농장에서 구매한 신선한 농산물과 재활용 쓰레기를 교환하죠. 재활용품 4킬로그램은 신선한 과일과 채소 1킬로그램으로 바꿀 수 있어요. 이 재활용 프로그램은 1991년에 시작했고, 2007년이 됐을 때 40,823톤의 쓰레기를 매립지로 가지 않도록 했어요.

쓰레기 동력

아즈텍 세계의 수도였던 멕시코 테노치티틀란은 우리가 쓰레기라고 생각할 만한 대부분의 물건에 대해 새로운 용도를 찾아냈어요. 음식물 쓰레기는 동물에게 먹였고, 분뇨는 가죽을 무두질하거나 직물의 염료를 만드는 비료로 사용했죠. 다른 쓰레기는 태웠어요. 오늘날 많은 도시가 더 이상 쓰레기를 만들지 말자는 목표를 세웠어요. 밴쿠버에서는 2040년까지 그 목표를 이루자는 투표 결과가 나왔죠.

제로 웨이스트는 자원에 대한 색다른 사고방식을 장려해요. 오늘날 우리가 구매하는 대부분 제품은 생산된 후, 다 쓰고 나면 버려지거나 이따금 재활용되기도 해요. 하지만 제로 웨이스트나 순환 경제는 땅으로 자연스럽게 되돌아오거나, 여러 번 또는 새로운 방식으로 재사용할 수 있는 제품을 만드는 게 목표예요. 도시에서 이건 어떤 형태로 나타날까요?

- 음식물 쓰레기와 폐수를 에너지로 바꿔서 가정용 난방이나 정원용 비료로 사용해요.
- 가구, 옷, 장난감부터 전자 기기와 자전거까지, 모든 걸 나누고 고쳐 써요.
- 쓰레기가 생기지 않는 제품과 포장 방식을 구상해요. 퇴비로 만들 수 있는 버섯 포크 좀 건네주세요!
- 쓰레기 줄이기와 재사용에 집중하고도 제품을 끝내 다른 용도로 사용할 수 없다면 재활용해요.

더는 쓰레기를 만들어낼 필요가 없어요. 브라질 쿠리티바에는 모든 물건을 위한 알록달록한 재활용 용기가 있거든요.
위키미디어 커먼스/CC BY-SA 3.0

지금 도시의 물과 쓰레기의 미래는

지하 튜브

쓰레기와 재활용품을 튜브 속으로 빨아들이고 에너지를 얻기 위해 태우거나 재활용하는 건 어때요? 소음과 냄새가 줄어들고, 거리에서 트럭이 사라지고, 이산화탄소 배출량이 줄어든다는 보너스를 얻을 수 있죠.

이동시키기 쉬운 깨끗한 물

소똥에서 에너지를 얻고 물(심지어 하수까지)을 신선하고 깨끗한 물로 정화하는 식기세척기 크기의 기계는 어때요? 미국인 발명가 딘 카멘이 딱 그런 기계를 발명했어요.

순환 경제

여러분이 구매한 모든 제품을 어딘가로 돌려보내서 다른 용도로 바꿔 쓰거나, 재사용하거나, 재활용할 수 있다면 어떨까요? 쓰레기야, 잘 가!

네 번째

라이트 · 파워 · 액션

도시를 밝히는
모든 에너지는 어디에서 올까?

나이지리아의 베닌시티
1100년대

뉴질랜드의 웰링턴
2009년

오늘날 여러분이 우주에서 지구를 바라본다면 수천 개의 도시에서 뿜어져 나오는 빛이 보일 거예요. 가로등은 어두운 밤을 밝혀요. 가정과 일터는 텔레비전, 전자레인지, 컴퓨터 같은 기기로 가득 차 있어요. 병원은 생명을 구하는 전기 장치를 사용해요. 과거의 도시는 태양광이나 수력으로 움직이는 방앗간같이 재생 가능한 자원으로부터 에너지를 얻어요. 하지만 오늘날의 도시는 석탄과 가스 등 기후를 변화시키는 거대한 양의 화석 연료를 태워요. 사람들은 에너지와 빛을 더 지속 가능한 방식으로 만들어낼 방법을 찾고 있고, 아이디어를 얻으려고 과거를 살펴보는 사람도 있어요.

시기별 도시 가로등

베이징 기원전 500년
천연가스는 대나무 파이프를 통해 화도에서 연료 램프로 옮겨졌어요.

나이지리아의 베닌시티 1100년대
야자유를 사용해서 금속등의 불을 켰어요.

암스테르담 1670년
유리등과 양철등은 석유를 태워서 운하와 거리를 밝혔어요.

빛을 발하는 도시들

불 꺼진 거리를 걸어 내려가면 별을 잘 볼 수 있을 진 몰라도, 길을 찾는 건 어려워요. 고대 그리스인들은 리넨이나 파피루스로 만든 심지를 사용해서 불을 켜고 올리브유를 채운 찰흙 접시를 들고 다녔어요. 이 등은 날이 어두워지고 나서 사람들이 길을 찾는 데 도움을 줬죠. 여관과 음식점에서는 해가 진 뒤에 사람들이 안전하게 걸어 다니는 데 도움을 주고 도둑을 막으려고 문밖에 점토로 만든 등을 놓았어요.

불 켜진 도시

중세 제네바에서는 가로등이 생기기 전에 하루의 끝을 알리기 위해 통행금지 종을 울렸어요. 모든 사람이 집으로 돌아가서 문에 빗장을 지르고 창문을 닫았죠. 도시의 출입문은 불청객이 들어오지 못하게 하려고 잠갔고요. 경비원들은 밤에 번갈아 가며 횃불이나 손전등을 들고 거리를 순찰했어요. 오늘날 대부분 도시에는 불이 잘 들어와요. 이건 좋은 일이에요. 밝은 조명이 있으면 사람들이 저녁 시간을 안전하다고 느끼고 산책을 더 많이 한다는 연구 결과가 있거든요.

> 도시가 너무 밝아져서 이제 사람들은 빛공해를 줄일 방법을 찾고 있어요. 빛공해는 인간의 자연스러운 수면과 기상 주기를 비롯해 생활 주기를 어둠에 의존하는 동물을 위태롭게 만들죠.

달빛 타워

1807년에 발명가 험프리 데이비 경은 숯 막대 두 개를 배터리에 연결해서 눈부신 백색광을 만들 수 있다는 사실을 알아냈어요. 그는 이걸 아크등이라고 불렀죠. 수십만 개의 아크등이 유럽과 북아메리카를 가로질러 여러 도시에 설치됐어요. 이들 등은 너무 밝아서 사람들이 가끔 우산으로 눈부심을 가려야 할 정도였답니다. 도시의 거리는 높이가 90미터까지 치솟는 타워에 달린 아크등으로 밝혀졌어요. 도시는 스포츠 경기장처럼 밝아졌죠. 1890년이 됐을 무렵 디트로이트에는 도시의 54제곱킬로미터를 비추는 122개의 달빛 타워가 있었어요. 아크등은 결국 다른 형태의 전등으로 대체됐죠.

전구를 바꿀 시간

전기 가로등은 이제 우리 도시에 불을 밝혀주지만, 전 세계에 거의 1.8톤의 온실가스를 내뿜어요. 그럼 전구를 바꿔보면 어떨까요? 아르헨티나 정부와 부에노스아이레스는 91,000개의 가로등을 에너지 효율이 좋은 LED 등으로 교체했어요. 이 조치만으로도 연간 이산화탄소 배출량이 매년 21,772톤씩 줄어들어요!

런던
1813년

웨스트민스터 다리는 가스등으로 불을 밝혀요.

인디애나 워바슈
1880년

이곳은 미국 최초로 전기 가로등을 사용해 불을 밝힌 도시였어요.

📍 **만약 여러분이...**
프랑스 파리에 살았다면

1667년 파리의 거리에는 불빛이 없었고 도둑이 흔했어요. 결국, 루이 14세는 범죄를 줄이기 위해 거리에 불을 켜야 한다고 명령했어요. 그래서 여러분은 11월부터 3월까지 창턱에 촛불이나 석유등을 올려놓아야 했죠. 1669년이 되자 거리는 저녁 식사를 마친 뒤 야외에서 친구들과 놀이를 해도 안전하다고 느껴질 만큼 밝아졌어요. 시간이 지날수록 파리의 불빛은 눈부시게 빛나기 시작했죠. 1857년이 되자 그랑불바르의 밤은 화려하게 타올랐고 사람들은 어두워진 뒤에도 밖으로 나갔어요. 하나의 석유등이 촛불 10개만큼의 에너지를 내뿜었죠. 1900년이 됐을 무렵 파리에는 50,900개의 가로등이 있었고 지금까지도 여전히 빛의 도시라고 알려져 있어요.

알렉상드르 3세 다리는 파리의 센강을 가로지르는 다리예요. 이 다리의 특징은 조각상, 조각품, 정교한 가로등 기둥이에요. 이 다리 위를 거닐다 보면 마치 야외 박물관을 구경하는 것 같아요.

S-F/Shutterstock.com

전기 소동

1882년 9월 4일에 발명가 겸 사업가 토머스 에디슨의 에디슨 조명 회사에서 전기 백열등으로 로어 맨해튼 일부에 최초로 불을 켰어요. 전등은 이제 아크등처럼 야외에만 있는 게 아니라 실내에도 생겼어요. 뉴욕시는 눈부시게 밝은 극장, 레스토랑과 콘서트홀로 유명해졌어요. 낮에 일하고 어두워진 뒤 저녁 시간을 즐길 수 있게 된 사람도 있었지만, 불이 잘 들어오는 공장에서 더 긴 시간 동안 일하게 된 사람들도 있었어요. 처음에는 실내용 전등이 두통, 눈의 피로, 심지어는 주근깨의 원인이 된다며 의심하는 사람들도 있었어요. 전기는 도시에 불을 밝혀줬을 뿐 아니라, 도시가 만들어지는 방식을 바꿨어요.

위로!

매일 밤 상하이 푸둥 구역의 고층 건물에는 무지개 색 불빛이 들어와요. 엘리베이터, 불빛, 난방, 수천 대의 컴퓨터와 기기에 공급할 동력을 갖춘 오늘날의 고층 건물에는 전기가 많이 필요해요! 이제 우리는 엘리베이터를 타는 것에 대해 별로 고민을 하지 않아도 되지만, 1854년 전에는 엘리베이터가 안전하게 정지하지 못할 때도 있었어요. 그해에 엘리샤 오티스와 그의 아들들이 엘리베이터 안전 브레이크를 발명했어요.

이 고급 기술 덕분에 건물은 더 높아질 수 있게 됐어요. 사람들이 고층의 경치를 즐기게 되고 거리의 소음에서 떨어져 사는 것을 좋아하게 되면서 고층 건물은 전 세계 도시에서 인기가 많아졌죠.

화장실에 가고 싶을 때: 세계에서 가장 큰 공중 화장실

중국 충칭에는 도자기 궁전이라는 곳이 있어요. 이곳의 거대한 공중 화장실의 크기는 3,000제곱미터가 넘고 1,000개 이상의 변기가 있어요. 이뿐만 아니라 음악, 텔레비전, 와이파이도 있죠. 특이한 모양의 변기도 많아요. 여러분은 악어가 입을 벌리고 있는 모양의 변기에 소변을 볼 용기가 있나요?

불 켜기

실내 전등 덕분에 공장을 24시간 운영할 수 있게 되면서 많은 사람의 근무 시간이 늘어났어요. 전기가 처음 등장했을 때 개인 주택에서는 부유한 가족만 전기를 사용할 형편이 됐어요. 전기를 사용하기 위해 1882년 6월에 전선이 설치된 최초의 가정은 뉴욕시에 있는 J.P. 모건의 집이었죠. 기술자가 매일 오후 3시부터 11시까지 와야 했어요. 1920년이 되자 전기는 미국 도시 주택의 35퍼센트에 제공됐어요. 하지만 가난한 동네는 이후 몇 년 동안 더 어둠 속에 머물러야 했답니다.

불 끄기

1965년 11월 9일 미국 북동부와 온타리오에 사는 3천만 명이 정전을 경험했어요. 저녁 시간이었고, 많은 사람이 퇴근 후 엘리베이터, 기차, 자동차를 타고 집에 가는 중이었죠. 뉴욕에서만 80만 명이 지하철에 갇혔어요. 의사들은 손전등을 켜고 수술을 했어요. 공항의 전파 탐지기가 꺼졌고, 비행기가 착륙할 수 없었어요. 브롱크스 동물원에서는 독사, 이구아나와 악어의 온기를 유지해 주기 위해 작은 이동식 가스 난방기를 가지고 들어왔어요. 전기는 다음 날 복구됐지만, 이 경험은 사람들에게 우리가 얼마나 전기에 의존하고 있고 정전에 대한 대비책을 세워둬야 한다는 사실을 깨닫게 해줬어요.

여기 상하이의 화력 발전소는 석탄을 사용해서 에너지를 얻어요. 전 세계에 이런 곳이 많이 있어요.
OWNGARDEN/게티 이미지

커다란 발자국

도시는 하루 24시간 불을 켜고 운영돼요. 그런데 이 모든 에너지는 어디에서 오는 걸까요? 도시는 초기에 태양, 흐르는 물과 불에서 나오는 에너지에 의존했어요. 하지만 산업혁명 이후 석탄, 석유, 가스 같은 화석 연료를 태워서 에너지를 얻는 방식으로 바뀌었죠. 오늘날의 도시는 전 세계 에너지의 3분의 2 이상을 소비하고, 기후 위기에 주요한 영향을 미치는 전 세계 온실가스 배출물 중 60퍼센트 이상의 원인이 돼요.

발가락 녹이기

벽난로는 전 세계의 집과 성, 레스토랑, 다양한 공공장소 안에서 차가운 발가락을 아주 많이 녹여줬어요. 하지만 불에서는 연기가 나오죠. 한국에서는 기원전 1000년부터 1960년대까지 바닥 아래에서 방을 데우는 시스템인 '온돌'을 만들었어요. 열을 흡수하는 돌바닥 밑에서 나무가 타면서 연기 없이 방 온도를 높여줬어요. 오늘날 한국에 있는 현대식 온돌 바닥은 불 대신 물로 열을 내지만, 여전히 따스한 공간을 마련해주고 있어요.

검은 연기 내뿜기

나무는 잘 탔지만, 1500년 말이 됐을 무렵 런던 근처의 숲이 줄어들고 있었어요. 열을 공급해 줄 새로운 물질이 필요해졌고, 이 자리에 석탄이 들어왔어요. 석탄은 지하에서 찾을 수 있고 나무처럼 태울 수 있는 일종의 검은 돌이에요. 1600년대가 됐을 때 런던의 대부분 가정에서 석탄을 사용했고, 1700년대가 되자 배들은 런던의 수많은 공장에 에너지를 공급할 석탄을 가득 싣고 런던으로 항해했어요. 석탄을 태우는 과정은 악취가 나고 더러워요. 사람들의 건강에 해로운 독성 오염 물질을 배출하죠. 하지만 석탄은 저렴한 비용으로 연료를 공급하는 방법이기도 하답니다. 여러 도시가 아직도 석탄을 사용해서 동력을 얻어요. 오늘날 지구에 사는 10명 중 9명이 오염된 공기를 들이마셔요.

수력

기원전 400년부터 200년까지 이집트, 중국, 그리스에 사는 사람들은 강력한 에너지원으로서 물을 사용할 방법을 찾고 있었어요. 패들이 달린 물레방아는 에너지를 만들기 위해 폭포나 강의 흐름을 활용했어요. 생성된 동력은 벼 껍질을 벗기는 방앗간처럼 물레방아에 달린 모든 걸 움직였어요. 이제 사람들은 편안하게 누운 상태로 원래 하던 일 중에서 최소한 일부는 기술에 맡길 수 있어요! 중세 유럽에서는 수력으로 움직이는 방앗간 하나가 마을 전체를 먹여 살리기에 충분한 밀가루를 갈 수 있었고, 양털을 짜거나 나무를 자를 때 사용할 수도 있었어요.

1895년 뉴욕 버펄로는 나이아가라 폭포의 송전선에서 보내는 전기로 동력을 얻었어요. 나이아가라 폭포에서는 초당 2,866톤의 물이 폭포 너머로 떨어져요.

오늘날에는 거대한 수력 전기 댐이 전 세계 도시에 동력을 공급해요. 수력 전기는 흐르는 물에서 생성하는 동력이므로 재생 가능한 에너지원이지만, 물을 저장할 저수지를 지으면 지역 사회에 홍수를 일으키고 동물의 서식지에 해를 끼칠 수 있어요.

에너지는 늘리고, 오염은 줄이고

도시에서 사용할 에너지를 얻기 위해 화석 연료를 태우는 일은 우리의 건강과 지구 모두에 큰 비용을 치르게 했어요. 모두가 함께 노력한다면 2050년까지 세계가 재생 가능한 에너지 공급원으로 다시 바꾸는 일이 가능하다고 생각하는 연구원들도 있어요. 과거의 도시는 태양 에너지와 풍력을 사용했죠. 우리도 미래에 그렇게 할 수 있을까요?

바람에 날리는

바람이 세게 불면 길에 놓인 모든 걸 쓰러뜨릴 수 있어요. 이 동력을 좋은 방향으로 활용하면 어떨까요? 인간은 수 세기 동안 풍력을 사용해 왔어요. 이란, 네덜란드, 중국, 영국, 그리고 그 외의 여러 국가는 곡식을 갈고, 나무를 자르고, 작물에 줄 물을 긷는 데 풍차를 사용했죠. 글래스고에 살았던 제임스 블리스 교수는 1887년에 전기를 생산하는 최초의 풍력 발전용 터빈을 만들었어요. 블리스 교수는 그 터빈으로 25년 동안 자신의 집에 동력을 공급했다는 말도 있어요!

점점 더 많은 도시에서 바람을 사용해 전기를 만들어내고 있어요. 풍력은 온실가스 배출물이나 오염물을 생산하지 않는 재생 가능한 에너지원이에요. 60미터 길이의 날이 달린 20층짜리 건물 높이의 터빈은 회전하는 날을 통과해 지나가는 바람을 전기 에너지로 바꿔줘요. 이 전기 에너지는 송전선을 통해 도시까지 수송될 수 있죠. 풍력 발전 지대에 장점만 있는 건 아니에요. 공간과 재료가 많이 필요하다는 단점이 있죠. 새, 박쥐를 다치게 하거나 심지어 죽일 수도 있고, 이들의 비행 경로를 파괴해요.

세계에서 바람이 가장 많이 부는 도시

뉴질랜드 웰링턴은 쿡 해협 가장자리에 자리하고 있어요. 바람이 수천 킬로미터의 바다를 가로질러 불어오는 곳이죠. 메리디안 에너지에서 운영하는 풍력 발전 지대의 터빈 62개는 도시 중심부에서 7.5킬로미터 떨어져 있고, 매년 7만 채의 가정에 동력을 공급할 만큼의 충분한 전기를 만들어내요. 웰링턴은 바람으로 에너지를 만들어내는 전 세계의 여러 도시 중 한 곳일 뿐이에요.

풍력 발전용 터빈은 뉴질랜드 웰링턴 근처의 거주지역 뒤에서 전기를 만들어내요.

카멜레온즈아이/Shutterstock.com

옥탑 풍력

이미 사람으로 꽉 찬 도시 안에 돌아가는 칼날이 달린 거대한 터빈을 설치하는 건 어려워요. 그래서 과학자들은 건물 지붕, 다리, 심지어 가로등에 설치할 수 있는 작은 풍력 발전용 터빈을 개발했어요. 이들 터빈은 커다란 풍력 발전 지대만큼 큰 동력을 제공하지는 못하지만, 자리를 적게 차지하고 새와 박쥐에 가하는 위험이 덜해요. 2008년에 자체 풍력 발전용 터빈이 설치된 최초의 고층 건물인 바레인 세계 무역 센터가 지어졌어요. 이 터빈은 건물에서 써야 하는 전기 에너지를 15퍼센트까지 공급해요. 파리의 에펠 타워는 이제 두 개의 풍력 터빈을 뽐내고 있어요. 이들 터빈은 지상 122미터 정도 높이의 2층 안에 자리하고 있죠. 영국 런던과 중국 광저우의 큰 건물에서는 붙박이 풍력 터빈이 건물에서 사용할 에너지를 직접 만들어요.

바레인 세계 무역 센터에 있는 풍력 터빈.
트라반토스/게티 이미지

시원한 바람

기후 위기가 전 세계 도시를 뜨겁게 만들지만 그럼에도 점점 더 많은 사람이 편안하고 시원하게 지내려고 에어컨을 켜고 있어요. 하지만 에어컨은 온실가스를 배출하기 때문에 이렇게 지내는 건 지구의 열기를 올리는 행동이에요. 수 세기 동안 사람들은 이란과 이집트 같은 뜨겁고 건조한 지역에서 사막 바람의 이점을 활용해 바람 타워라고 불리는 자연 냉방 시스템을 만들었어요. 굴뚝 모양의 높은 구조물은 건물 꼭대기에 자리하고 있어요. 타워 안에서는 공기가 뜨거워진 다음 위로 올라가요. 따뜻한 공기가 위로 나가면서 시원한 바람을 끌어들이죠. 시원한 공기는 굴뚝 아래로 이동해서 건물 안으로 들어가요. 바람 타워는 에너지가 필요 없고 오염물을 배출하지 않아요. 에어컨이 발명됐을 때 이들 타워는 차츰 사라졌지만, 냉방 비용이 늘어나면서 사람들은 다시 도시 온도를 낮추기 위해 바람 타워를 찾고 있어요. 오늘날 아랍 에미리트 공화국의 마스다르 시티에는 주변 거리의 온도를 섭씨 5도까지 낮추는 데 도움을 주는 45미터의 바람 타워가 있어요.

사람들이 지열 에너지로 데운 아이슬란드 블루 라군의 온수를 즐기고 있어요.
팀 T. 화이트/게티 이미지

 **만약 여러분이...
아이슬란드 레이캬비크에 살았다면**

오늘날 레이캬비크에서는 발밑에서 나오는 열로 집을 따뜻하게 해요. 섬나라인 아이슬란드에는 꼭대기가 눈으로 덮인 산과 수백 개의 화산, 온천이 있어요. 이들은 두 개의 지각판의 경계에 있기에 서로 부딪히면서 열을 표면 가까이 끌어올려요. 이것은 아이슬란드에서 지열 에너지라고 불리는 뜨거운 물이 제한 없이 콸콸 솟아오른다는 걸 의미해요. 지열 에너지는 전기를 만들어내고, 건물과 수영장 온도를 높이고, 사람들이 미끄러지지 않도록 보도의 눈을 녹이는 데 사용할 수 있어요. 아이슬란드의 수돗물은 온천에서 퍼 올린 물이에요.

태양 등장

태양은 매일, 매분 모든 인간 활동에 동력을 제공해줄 만큼 충분한 에너지를 가지고 지구에 내리비춰요. 태양열을 활용하는 건 새로운 아이디어가 아니에요. 태양은 재생 가능한 자원이고, 장기적으로 다른 에너지원보다 저렴하며, 배출물을 만들어내지 않아요. 이거야말로 정말 좋은 아이디어죠.

태양 에너지

고대 사람들은 찰흙과 돌벽을 사용해 낮 동안 태양에서 나오는 열기를 보관했다가 밤에 천천히 내보내곤 했어요. 고대 중국에서 건물에 구멍을 하나만 뚫고 지을 때가 많았어요. 이 구멍은 태양을 이용하고 차가운 북풍을 막기 위해 남쪽을 향하고 있었죠. 도시 계획가들은 중국 도시의 주요 도로가 동서 방향으로 나도록 설계했어요. 겨울에 모든 집에서 태양열을 받을 수 있게 말이죠. 오늘날 건축가들은 실내로 햇볕이 들어오게 하려고 벽돌, 돌, 콘크리트처럼 열을 흡수하는 물질과 짝을 이룬 유리벽을 만들어요. 수동 태양열 주택은 태양이 실내 온도를 높이고, 채광이 낮 동안 들어오며, 바람이 집을 시원하게 하도록 설계됐어요.

에어컨 없이 건물이나 집 안을 시원하게 만들고 싶나요? 지붕을 흰색으로 칠해보세요! 여러 도시 건물에는 햇빛을 반사하거나 흡수하고 도시 열섬 효과를 줄이는 데 도움을 주기 위해 흰색 페인트가 칠해져 있어요.

출처/미국에너지부(THE UNITED STATES DEPARTMENT OF ENERGY)

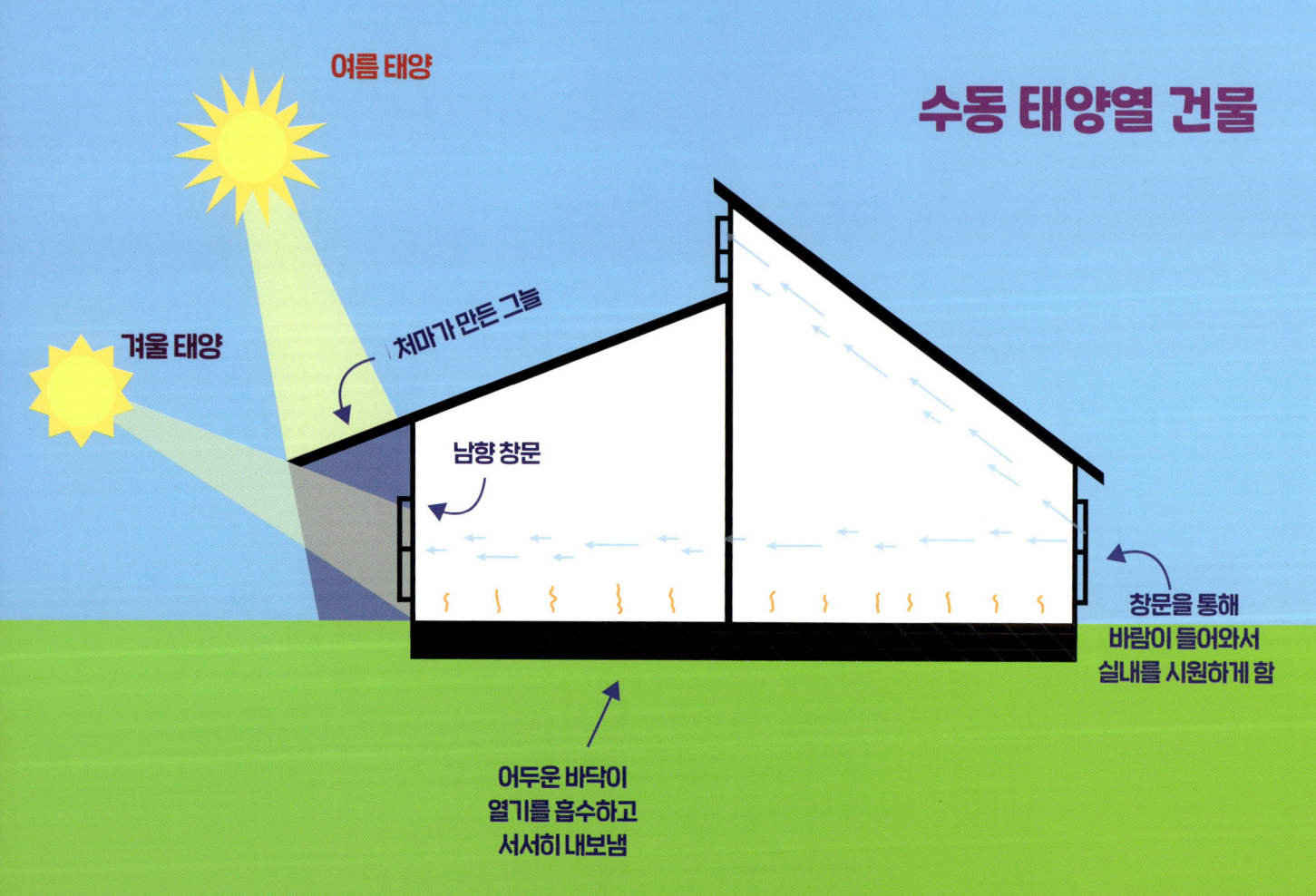

수동 태양열 건물

태양 전지판이 방콕에 있는 어떤 건물의 지붕을 가로질러 뻗어 나간 모습이에요. 방콕은 태양에서 동력을 얻으려고 노력하는 또 하나의 도시죠.
앰폴 카엔차이아품/Shutterstock.com

태양 전지판

　태양 전지판은 태양의 에너지를 모으고 전기를 만들어내요. 인구 130만 명이 거주하는 호주 애들레이드에서는 태양과 바람이 수영 센터, 시청, 쇼핑센터, 버스 정거장, 더 나아가 거리와 신호등을 비롯한 다양한 도시 시설에 동력을 공급해요. 태양 전지판은 도시 안의 이산화탄소 배출량을 매년 760톤씩 줄이고 있어요. 이건 휘발유로 움직이는 자동차 302대를 도로에서 없애는 것과 같은 효과가 있어요.

　남아프리카공화국의 케이프타운은 석탄 에너지에 의존하지만, 변화를 시도하고 있어요. 이 도시는 시민들에게 태양 전지판을 지붕에 설치하라고 격려해요. 만약 지붕에 설치한 태양 전지판이 만들어내는 에너지가 사용한 에너지보다 많다면 '남는' 전기를 팔 수 있어요. 샌디에이고와 오타시(일본)를 비롯한 다른 도시는 주민 공동체에서 사용할 전기를 생산하려고 학교, 병원, 레크리에이션 센터의 지붕에 태양 전지판을 설치했어요. 2023년 1월부터 베를린에서는 새로 짓는 모든 건물의 지붕에 태양 전지판을 반드시 설치해야 해요.

브리티시컬럼비아 밴쿠버의 한 공장에 있는 다섯 개의 배기통 모습이에요. 하수관에서 에너지를 만들어내는 배기통의 꼭대기에는 색깔이 변하는 LED 불이 있어요. 이 LED 불은 에너지 수요를 알려주죠.
밴쿠버시(CITY OF VANCOUVER)

돌고 돌아서

자연에서는 낭비되는 게 아무것도 없어요. 자연은 모든 걸 재사용하거나, 다른 용도로 사용하거나, 재활용하죠. 도시는 자연을 본받아 순환 시스템 안에서 동력과 깨끗한 물을 만들 수 있어요. 순환 시스템이란, 모든 자원이 낭비되지 않고 일정하게 순환하며 이동한다는 의미예요.

땅을 파서 온도를 높이자

브리티시컬럼비아 밴쿠버에서는 2010년 동계 올림픽 기간에 게임이 끝난 뒤 도시에 머물 16,000명의 사람과 방문 선수를 위한 따뜻하고 아늑한 장소가 필요했어요. 앞서 3장에서 살펴봤듯이, 오늘날 대부분의 도시 밑에는 우리가 사용하는 변기에서 폐수 처리장으로 폐기물을 밀어 보내는 하수관 네트워크가 있어요.

하수관은 많은 열기를 만들어내요. 밴쿠버는 처리되지 않은 폐수에서 나오는 열기를 되찾아 올림픽 빌리지에 동력을 공급해줄 시스템을 설계했어요. 하수관에서 모은 열기는 이제 이 지역에서 일 년 동안 사용하는 에너지의 약 70퍼센트를 공급하고 탄소 배출량을 약 50퍼센트 줄였어요.

지금 도시 불빛의 미래는

아껴서 손해 볼 건 없다
미래에는 하나의 재생 가능한 원천이 아니라 함께 작동하는 여러 개의 원천에서 나온 에너지가 도시에 동력을 공급해줄 거예요. 도시는 '남는' 동력이 낭비되지 않도록 풍력, 수력, 태양열을 도시 네트워크 사이에서 공유하고 보관할 거예요.

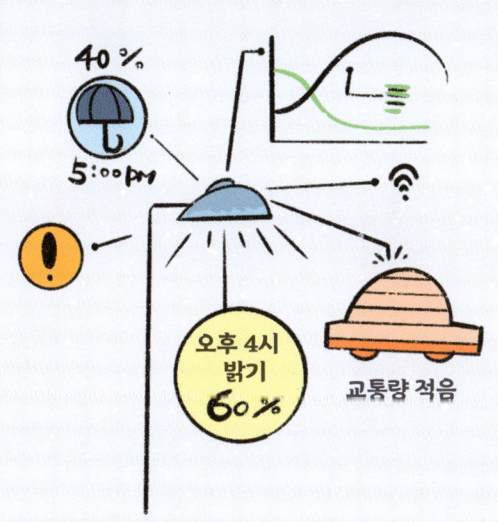

자연처럼 빛나다
화학 물질이나 배출물 대신 천연 화합물로 빛을 내는 가로등이나 도로 표시는 어떨까요? 이 아이디어는 자연 발생적으로 불빛을 내뿜는 반딧불이, 해파리, 특정 종류의 버섯에서 영감을 얻었어요. 이걸 생물 발광이라고 부르죠.

스마트 가로등
가로등은 거리를 밝혀줄 뿐 아니라 교통을 통제하거나, 날씨와 대기의 질을 추적하거나, 사고나 범죄가 발생했을 때 자동으로 긴급 대응을 할 카메라와 센서를 갖추고 있을 거예요.

다섯 번째

먹을거리 찾기

적당한 가격의
신선한 먹을거리를 모두가 누리려면?

테노치티틀란
오늘날의 멕시코 시티
1400년대

파리
1870년대

 오늘 저녁 메뉴는 뭐예요? 우리 배 속은 매일 먹어야 한다는 사실을 상기시켜줘요. 그렇다고 아무거나 먹을 순 없죠. 건강을 유지하기 위해 우리에게는 신선한 과일과 채소 같이 영양분이 풍부한 음식이 필요해요. 고대 도시는 사람들이 밀, 보리, 쌀 같은 음식을 재배했던 들판으로 둘러싸여 있곤 했어요. 닭, 돼지, 소는 도시에서 키웠죠. 시장은 농부와 도시 거주자들이 모이는 곳이었어요. 많은 도시에서는 오늘날까지 여전히 이렇게 지내고 있어요. 하지만 대부분 도시에서 음식은 엄청난 거리를 가로질러 운반돼요. 도시가 커지고 기후 변화가 우리 환경을 뜨겁게 만들면서 농부, 기업, 시민은 과거의 도시가 어떻게 도심에서 식량을 재배하고 동물을 키웠는지 살펴보고 있어요. 오늘 식탁에 저녁 식사를 올릴 때 과거에서 배울만한 게 있을까요?

농장으로서 도시

도시와 농장 중에서 뭐가 먼저일까요? 연구자들은 아직도 이 수수께끼의 답을 찾고 있지만, 우리는 초기 농업이 발생한 곳과 같은 자리에 최초의 도시가 세워졌다는 걸 알고 있죠. 세계 최초의 도시 중 하나인 메소포타미아 우루크에서는 밀, 보리, 대추를 기르는 수천 헥타르의 들판이 도시를 둘러싸고 있었어요. 정원에서는 과일, 허브와 채소를 키웠죠.

수중 정원

1400년대에 아즈텍 사람들은 오늘날 멕시코시티에 자리했던 테노치티틀란에서 도시를 둘러싼 호수와 운하에 치남파라고 불리는 수중 정원 시스템을 만들었어요. 이 작은 조각 섬은 한 해에 콩, 옥수수, 호박을 비롯한 세 가지 작물을 재배했어요. 20만 명의 시민이 소비하는 음식의 최소 50퍼센트를 이곳에서 길렀죠.

파리의 복숭아

1870년대 파리에는 일 년에 1,700만 개의 복숭아를 생산하는 600킬로미터의 과일 장벽이 있었어요. 이 거대한 돌벽은 태양열을 저장해서 저녁 온도를 섭씨 10도까지 올렸죠. 복숭아를 키우기에 딱 좋은 온도였어요! 이들 장벽 사이에 있는 중앙 뜰은 온도가 이보다 조금 낮았지만, 여기는 사과, 배, 라즈베리 등 더 시원한 온도에서 잘 자라는 작물을 키우기에 적합했죠. 과일이 뒤섞인 미로 장벽은 너무 복잡해서, 1870년에 프로이센 군대가 파리를 포위할 때 이 장벽을 돌아갔다고 해요.

오늘날 보통 북아메리카 딸기는 식품점에 도착하기까지 트럭으로 3,218킬로미터 이상을 이동하기도 해요. 하지만 도심 농장에서 기른 딸기는 16킬로미터도 이동하지 않는 경우가 많죠.

시에서 빌려주는 땅

도시에 살지만 가지고 있는 땅이 없는 사람은 식량을 어떻게 재배할까요? 1800년대 말에 도시로 들어오는 공장 노동자들이 점점 더 늘어나자, 시에서는 시민 농장이라고 불리는 도시와 도시 근처의 작은 땅을 사람들에게 줬어요. 도시 안팎으로 식량을 재배하라고 준 땅이었죠. 런던, 파리, 베를린, 스톡홀름에서는 도시에 사는 사람들이 다른 방법으로는 마련하거나 구매할 형편이 안 되는 건강한 식량을 재배할 수 있도록 도와 줬어요. 1930년대가 되었을 무렵, 미국에서 실직한 노동자들은 작은 땅을 빌렸어요. 자선 단체와 정부는 사람들이 먹을 식량을 직접 재배할 수 있도록 씨앗과 물품을 마련해 줬어요. 제1차 세계대전과 제2차 세계대전 중에 사람들은 전 세계 도시의 식량 생산을 늘리는 데 도움을 주기 위해 '승리의 정원'을 만들었어요. 제2차 세계대전 중에 시카고 에만 거의 7.2제곱킬로미터를 가로질러 펼쳐진 3만 3천 개의 정원이 있었죠.

학교 정원에서 과학 수업을 듣는 건 어떨까요? 캘리포니아 버클리에 있는 마틴 루서 킹 주니어 중학교는 1995년 이래로 '먹을 수 있는 운동장 프로젝트'를 운영했어요. 학생들은 정원 가꾸기, 요리하기, 그리고 직접 재배한 식량을 요리해 먹는 방법을 배워요.

아래 사진처럼 이탈리아 토리노의 커뮤니티 정원은 사람들이 모여서 사회적 교류를 하고, 건강한 식량을 얻고, 따뜻한 오후의 기쁨을 누릴 수 있게 해줘요.

마이크도타/Shutterstock.com

급속히 퍼지는 잡초를 처리해야 하나요? 문제없어요. 화학 약품은 필요 없고, 염소 몇 마리를 구해오면 돼요. 캘거리에서는 캐나다엉겅퀴와 유럽초롱꽃 같이 빠르게 퍼져나가는 식물을 처리할 때 정확히 이 방법을 사용했답니다.
로니슈아/게티 이미지

사방이 동물

밖에는 소가 나와 있고, 정원에는 돼지, 마당에는 닭이 있어요. 우유, 달걀, 고기를 얻으려고 기르는 동물이 도시 사방에 있어요. 냉장고가 등장하기 전에 우유 같은 신선 식품은 금세 상했죠. 음식을 차갑게 유지할 방법이 없어서 매일 음식을 구해야 했어요. 1800년대에 캐나다와 미국 도시의 거리 중 토론토, 몬트리올, 위니펙에서는 소, 돼지, 닭을 찾아볼 수 있었어요. 이제 이런 동물이 금지되거나 엄격하게 제한되는 도시도 많지만, 삶의 일부로 남아있는 도시도 있어요. 인구가 340만 명인 케냐의 나이로비에는 100만 마리가 넘는 동물이 살아요. 닭, 토끼, 염소, 돼지, 소들이 달걀과 우유, 고기를 제공해 주죠. 사람들이 먹는 신선 식품의 3분의 1에서 2분의 1 정도가 도시 안에서 재배되거나 길러져요. 세계적으로 도시에 거주하는 백만 명의 사람이 고기와 달걀을 얻으려고 동물을 길러요.

말의 도움

말은 거리를 덜거덕거리며 지나가면서 냄새나는 거름 더미를 남겼어요. 이 거름은 채소를 기르기에 딱 좋은 비료였죠. 1800년대 파리에는 도시 주변에서 채소와 과일을 기르는 작은 농장인 시장 정원이 있었어요. 도시의 말 여러 마리가 남기고 간 대변은 말려서 시장 정원사들에게 팔았어요. 정원사들은 말 대변으로 채소를 기르는 데 사용했어요. 와, 이 정원의 작물은 정말 잘 자랐어요! 매년 90,718톤이 넘는 양을 생산하며 온 도시에 채소를 공급해 줄 수 있었죠. 1800년대 말이 됐을 무렵에는 파리에 있는 모든 사람이 매년 50킬로그램의 샐러드 작물을 먹을 수 있어요.

방목하고 방랑하는 저녁 식사

1800년대 보스턴과 위니펙에서는 소를 방목했고, 1820년대 뉴욕시에는 2만 마리에 달하는 돼지가 있었어요. 당시 도시 인구는 빠르게 늘어나고 있었고 근처 농지에는 상점과 주택, 공장이 들어섰어요. 사람들은 여전히 돼지를 키웠지만, 반려동물로 기르는 건 아니었죠. 돼지는 음식 재료로 필요했는데, 키울 곳이 없었기 때문에 거리에 두었어요. 돼지들은 음식물 쓰레기를 아주 잘 먹어요!

소 몰기

도시에 사는 모든 사람이 자유롭게 돌아다니는 돼지와 소를 좋아한 건 아니었어요. 부유한 시민들은 동물과 공간을 공유하는 걸 싫어했어요. 동물이 콜레라 같은 유행병의 원인이라고 생각하는 사람들도 있었죠(이 사람들은 틀렸어요!). 1849년 뉴욕에서 경찰은 거리를 돌아다니는 수천 마리의 돼지를 붙잡았어요. 1892년 몬트리올의 경찰도 말, 양, 소, 돼지를 비롯해 800마리가 넘는 동물을 붙잡았죠.

생활하는 데 필요해서 기른 동물 외에도 당시의 도축장, 양돈장, 낙농업 공장은 붐볐고, 냄새가 났으며, 식수를 더럽히는 오물을 배출했어요. 1900년대 초중반이 되자 농장 동물들은 볼티모어, 보스턴, 필라델피아, 뉴욕을 비롯한 여러 북아메리카 도시에서 금지 당했어요. 사람들이 동물을 없애면 도시를 깨끗하게 유지하는 데 도움이 될 거라고 믿었기 때문이죠. 농장과 도시 사이를 가르는 선은 더 선명해졌어요. 오늘날 도시는 닭, 돼지, 벌이나 다른 작은 가축들을 도시로 돌아올 수 있게 하는 새로운 조례를 만들고 있어요. 하지만 이번에는 동물들이 자유롭게 돌아다니진 못할 거예요.

도시 농장

미국 시애틀
미니 염소, 배불뚝이 돼지, 닭, 벌을 뒷마당에서 키울 수 있어요.

캐나다 토론토
소, 말, 돼지, 염소, 양이 도심 속 농장에 살아요.

우간다 캄팔라
도시의 가정에서는 닭과 돼지를 키워요. 우유를 얻는 데 필요한 소도 키우죠.

만약 여러분이...
쿠바 아바나에 살았다면

1990년대 아바나의 상점에서는 판매할 음식이 다 떨어졌어요. 쿠바의 주요 무역 상대국이었던 러시아(당시에는 소련이라고 불렀죠)가 더 이상 식량을 제공하지 않았기 때문이에요. 여러분은 살기 위해 사용 가능한 모든 땅을 가족과 함께 파헤쳐야 했어요. 집 테라스에 있는 화분에 토마토를 심거나, 근처 공원에 상추를 심었죠. 차고 안에서 닭을 돌봤을 수도 있어요. 여러분의 가족은 아마 소매를 걷어붙이고 우에르토라고 부르는 큰 공공 정원에 가서 일을 도왔을 거예요. 여러분의 노력은 모두 빛을 발했어요. 1995년이 됐을 무렵, 대부분 지역에서 식량을 생산하게 되면서 음식을 구하기가 더 쉬워졌죠. 오늘날 아바나에서 먹는 과일과 채소의 약 90퍼센트는 여전히 도시 안에서 재배돼요.

키울 공간 만들기

도시에서 필요한 식량을 전부 직접 재배할 수 없는 건 맞지만(도심 속에 밀밭이나 논을 충분히 끼워 넣는 것만으로도 힘들어요!), 과일나무, 채소 정원, 옥탑 농장을 만들 공간을 찾을 순 있어요. 마을 공동체 정원은 이웃을 만나고, 야외에 나가서 흙을 파고, 신선한 완두콩이나 당근같이 영양이 높은 음식을 얻는 공간이에요. 오늘날의 도시는 과거의 도시로부터 몇 가지 교훈을 얻을 수 있어요. 사용하지 않는 땅을 정원으로 바꾸고 더 많은 사람에게 식량을 직접 재배할 공간을 마련해주는 거죠. 멕시코시티에서 지역 농부들은 늘어나는 인구가 먹을 식량을 생산하는 데 도움을 주기 위해 치남파(수중 정원)를 부활시켰어요.

나눠 쓸 수 있을까?

과거의 시민 농장처럼, 오늘날의 도시는 더 많은 사람에게 식량을 재배할 공간을 제공하기 위해 공간을 나눠 쓰고 있어요. 코로나19 팬데믹 기간 동안 태국 치앙마이에 사는 사람들은 이전에 매립지였던 곳에 도시 농장을 만들고 직장을 잃은 사람들이 직접 먹을 식량을 재배할 수 있게 해줬어요. 사람들은 시카고와 뉴욕을 비롯한 도시의 빈 땅에 커뮤니티 정원을 만들었어요. 새스커툰에서 농부들은 집주인에게 도시의 뒷마당을 빌려서 상추와 무 같은 작물을 키운 다음, 생산물을 매주 상자에 포장해서 판매하거나 농산물 직판장에 내놓았어요. 이런 프로젝트는 건강에 좋은 채소를 저렴한 가격에 생산해서 식량 불안정을 해결해 줄 수도 있어요.

팔기 위해 집에서 기른 식자재

뭄바이 사람들은 신선한 과일과 채소를 얻기 위해 발코니 정원에서 식자재를 길러요. 남은 것들을 팔아서 돈을 벌기도 하죠. 전 세계 약 8억 명의 도시 농부 중 대다수는 여성이에요. 이들은 가족이 먹을 음식을 마련하고 생계를 유지하기 위해 식자재를 기르죠. 베냉의 코토누와 포르토노보에서는 여성들에게 시민 농장을 제공해요. 여성들은 영양가 높은 다양한 작물을 길러서 집에서 먹기도 하고 판매하기도 해요.

높은 곳과 낮은 곳에서 농사짓기

도시 위성사진으로 모든 지붕을 살펴보면 채소와 과일을 기를 수 있는 공간이 얼마나 많은지 보일 거예요. 2010년에 브루클린 그레인지라는 회사는 54만 4,311킬로그램의 흙을 브루클린의 3층짜리 창고 지붕에 부은 다음, 그곳에 씨앗을 심고 돌봤죠. 그해에 옥탑 농장은 6,804킬로그램의 과일과 채소를 생산했어요. 오늘날 이 회사는 매년 별도의 옥탑 세 곳에서 4만 5,359킬로그램이 넘는 식자재를 생산해요. 지하에서 공간을 찾아보면 어떨까요? 도쿄에서 지하철을 운영하는 회사는 지금 메트로 도자이 선의 고가 선로 밑에 있는 시설에서 샐러드용 채소와 허브를 길러요.

> 2008년 이래로 멕시코시티는 2만 996제곱미터의 정원을 조성했어요.

도시에서 사용하지 않는 모든 공간은 맛좋은 식자재를 기르는 정원으로 탈바꿈시킬 수 있어요.
해리나/Shutterstock.com

11세기에 시작된 모로코 마라케슈의 제마엘프나 시장은 음식을 파는 사람, 음악과 예술을 하는 사람이 매일 모이는 장소예요. 가판대에서 저녁 식사로 먹을 음식을 사고 재밌게 놀 준비를 하세요!
파브리하/게티 이미지

오늘날 미국에는 1,900만 명이 넘는 사람들이 식품 사막에 살고 있어요. 식품 사막은 사람들이 저렴하고 건강에 좋은 신선 식품, 그중에서도 과일과 채소를 구하는 데 어려움을 겪는 지역이에요.

시장으로, 시장으로

식자재를 직접 기르지 않는 사람은 어디에서 식자재를 구매할까요? 식품점이 생기기 전에는 시장이 있었어요. 여러분이 고대 아테네에 살았다면 생선, 채소, 고기를 파는 가판대 무리 사이를 거닐면서 북적거리는 시장에서 저녁 식사거리를 찾아다녔을 거예요. 700년대 바그다드에서는 무화과와 페이스트리, 소두구와 후추, 심지어 하얀 눈 속에 포장된 수박을 살 수 있었어요. 도시 시장은 예전이나 지금이나 여러 지역 사회의 중심지예요. 매일 신선한 식자재를 제공해 줄 뿐 아니라 이따금 이웃과 그 식자재를 기른 농부들을 만나는 장소이기도 하죠.

문 닫는 상점, 열리는 대형 슈퍼

1800년대 뉴올리언스에서 모든 사람은 시장에서 걸어갈 수 있는 거리 안에 살았어요. 농작물, 고기, 유제품은 얼음 위에서 보관했고, 손님들은 얼음이 녹기 전에 시장에 도착했어요. 1940년대에는 자동차가 인기를 끌었어요. 매일 신선 식품을 구매하기보다 자동차를 타고 더 멀리 떨어져 있는 큰 슈퍼마켓에 가서 일주일 동안 먹을 식품을 사는 사람이 늘어났어요. 뉴올리언스의 공공 시장들이 문을 닫았어요. 이 현상은 북아메리카를 가로질러 여러 도시에서 나타났죠. 자동차가 없는 사람은 점점 더 식자재를 구하기가 힘들어졌어요. 하지만 집과 더 가까운 곳에서 기른 식자재를 구하는 사람들 덕분에 전에 문을 닫았던 지역 농산물 직판장은 도시로 돌아가고 있어요.

길거리 음식

아테네의 생선튀김부터 테노치티틀란의 과일 타메일과 방콕의 팟타이 국수까지, 길거리 음식은 공공장소에 세워둔 트럭이나 작은 가판대에서 판매하는 즉석요리예요. 길거리 음식은 빠르게 요리할 수 있고 레스토랑에서 먹을 때보다 가격이 저렴해요. 길거리 음식을 팔아서 생계를 유지하는 사람이 많지만, 노점상인으로 일하는 건 힘들어요. 많은 사람이 근처에 화장실이 없거나 쉬는 시간이 없는 상태로 온종일 일을 하죠.

부엌 없이 식사하는 도시

고대 로마에는 부엌이 없는 아파트가 많았기 때문에, 사람들은 노점상에서 끼니를 해결했어요. 역사를 통틀어 많은 도시의 사람이 이렇게 살았죠. 메뉴로는 밀을 빻아 만든 포리지, 치즈와 꿀을 넣은 병아리콩 스튜나 빵 등이 있었어요. 1200년대에 오늘날 캄보디아에 있는 앙코르에서는 음식 노점상들이 위로 치솟는 불 위에서 고기 꼬치를 굽고 솥에 수프를 끓였어요.

화장실에 가고 싶을 때: 사회적 행사

예전에 암스테르담에서는 늦은 밤에 공중 화장실을 찾기가 어려웠어요. 이 문제는 2002년에 해결됐어요. 암스테르담은 오후 10시가 지나면 땅에서 솟아오르는 공중 화장실을 설치했죠. 이 화장실은 아침에 다른 공공시설이 문을 열 때 다시 내려갔어요.

방콕에 있는 길거리 노점상에서는 사테이를 비롯한 여러 가지 맛있는 요리를 팔아요.
데이비드 쿠체라/Shutterstock.com

도시의 즉석 음식

케냐 나이로비:
만다지(케냐식 도넛), 구운 땅콩

인도 뭄바이:
바다 파브, 빵 사이에 넣은 튀긴 감자만두

오리건 포틀랜드:
라면, 케밥, 타이 치킨

수백만 명을 위한 식사

오늘날 음식 가판대는 집과 멀리 떨어진 곳에서 오랜 시간 일하면서 길거리 음식에 의존하는 사람들에게 매일 수백만 번의 식사를 마련해줘요. 길거리 노점상은 도시를 돌아다니며 레스토랑이 없는 지역에 음식을 제공해 줄 수 있어요. 2천만 인구가 사는 방글라데시 다카에서는 20만 개가 넘는 길거리 노점상이 잘무리(튀긴 쌀과 채소), 사무차/사모사(밀가루 안에 채소나 고기를 넣어 튀긴 요리)가 포함된 끼니를 매일 제공해 줘요. 로스앤젤레스에는 온갖 종류의 길거리 음식을 판매하는 푸드 트럭이 3천 대 넘게 있어요.

 만약 여러분이...
나이지리아 라고스에 살았다면

이 도시의 거리는 꽉 찬 자동차와 미니버스로 붐벼요. 수천 개의 노점상에서는 아게게라고 부르는 부드러운 빵을 팔았어요. 수백 개의 동네 빵집에서 아게게를 구워서 매일 이른 아침부터 판매자들에게 분배했어요. 버터나 마요네즈를 곁들여 먹는 이 빵은 배고픈 통근자들이 빨리 먹을 수 있는 아침 식사예요. 구운 옥수수는 빨리 먹을 수 있는 맛있는 음식 중 최고라고 생각하는 사람이 많아서 길에는 구운 옥수수를 파는 수천 개의 가판대가 늘어서 있죠.

라고스에서 옥수수는 매년 8월에서 11월 사이가 제철이에요. 구웠든 삶았든, 이 맛있는 간식을 꼭 먹어보세요.

I_AM_ZEWS/Shutterstock.com

미래의 농장은 이렇게 생겼을까요?
잇사난 삼펀타랏/게티 이미지

더 많은 사람 먹이기

도시가 계속 커지면 음식에 대한 수요도 늘어나요. 이와 동시에 기후 위기가 가뭄, 홍수 등 식량 공급에 영향을 미치는 주요 기상 악화 현상을 일으키고 있어요. 도시는 과거를 돌아보고 틀에서 벗어난 사고를 하면서 이런 문제에 대응하고 있어요.

실내 농장

창고 안의 밝은 불빛 아래에 무더기로 쌓인 초록 채소는 흙, 햇볕, 계절의 변화 없이 자라나요. 수직 실내 농장은 일반 농장보다 물을 덜 사용하고, 살충제가 필요 없고, 야외 들판보다 30퍼센트 빠른 속도로 작물을 기르죠. 이 농장은 작물을 극심한 기상 상황으로부터 보호하고, 도시 한 가운데에 자리할 수 있어요. 수직 농장은 전 세계 도시에 생겨나고 있어요.

집으로 돌아온 소

네덜란드의 로테르담에는 세계 최초의 수중 낙농 목장이 있어요. 이 3층짜리 구조물은 유럽의 가장 바쁜 항구의 한가운데 자리 잡고 있죠. 아래층에 우유를 짜는 곳이 있고, 꼭대기 층에 소들이 살아요. 소들은 경사로를 지나 수중 집 옆에 있는 기슭의 들판으로 내려가 골프장이나 지역 들판에서 베어 온 풀을 먹을 수 있어요. 아무리 많은 비가 내리고 바다의 수위가 높아져도 이 농장은 수위에 따라 위아래로 움직이도록 설계됐어요.

수직 농장

교토 근처의 가메오카 농장
매일 최대 2만 1,000포기의 배추를 생산해요.

싱가포르의 하늘 농장
매일 800킬로그램이 넘는 잎줄기 채소를 수확해요.

뉴저지 뉴어크의 에어로팜
매년 90만 킬로그램이 넘는 잎줄기 작물을 수확해요.

물을 정화하는 물고기

인도 콜카타에서 비두 사카르라는 양식 업자가 뜻밖의 발견을 했어요. 콜카타의 하수구 파이프에서 자신의 양어장으로 처리되지 않은 물을 실수로 흘려보내고 나서는 물고기들이 죽을 거라고 생각했죠. 하지만 그와 정반대의 결과가 나타났어요. 물고기 수가 두 배로 늘어난 거죠. 뜨거운 콜카타의 햇볕은 하수를 분해하고 물고기가 먹는 플랑크톤이 자랄 수 있는 환경을 조성했어요. 오늘날 5만 명이 넘는 양식 업자와 상인들이 콜카타 동부의 하수 속에서 물고기를 키우며 생계를 유지해요. 이들은 도시가 하수를 정화하는 일에도 도움을 주고 있어요. 방글라데시, 파키스탄, 태국, 독일, 프랑스에 있는 다른 도시들이 이제 콜카타 모델을 따라 하고 있죠.

먹을거리 찾기, 지구 지키기

집 근처에서 기른 과일을 사려고 지역 상점이나 시장을 향해 걸어 내려가거나, 지역 사회의 정원을 방문해서 가족들과 함께 키운 채소를 수확할 수 있으면 어떨지 상상해 보세요. 여러분은 이미 이렇게 지내고 있을지도 모르지만, 이렇게 할 수 없는 사람도 많답니다. 모든 사람은 건강에 좋고 가격이 적당한 식량을 구할 수 있어야 해요. 브라질 벨루오리존치에서 식량 불안정은 큰 문제였어요. 많은 사람이 굶주리고 영양실조 상태에 이르렀죠. 벨루오리존치는 이 문제를 해결하기 위해 식량을 인간이 기본적으로 존중받아야 할 권리라고 정하고, 1993년에 모두가 먹을 음식을 마련해 주는 프로그램들을 만들었어요. 도시 사람들에게 영양가 있는 식량을 연결해 주는 동시에 지역 도시 농부들을 지원해줬어요.

지금 도시 식량의 미래는

모든 걸 먹을 수 있어요:
잔디밭에 잔디 대신 먹을 수 있는 식물을 심으면 어떨까요? 캘리포니아 데이비스에서는 먹을 수 있는 식물로 둘러싸인 주택 지역이 225개가 넘는 가정에 식량을 제공해 줘요.

지하 농업:
도시의 지하 공간에는 식량을 기를 공간이 많아요. 프랑스 파리는 이미 사용하지 않는 지하 주차장에서 버섯, 꽃상추, 마이크로그린을 기르고 있어요.

연구실 식량:
박테리아로 발효시킨 팬케이크나 연구실에서 기른 버거는 어때요? 농사지을 공간이 제한적인 싱가포르에서는 이미 연구실에서 기른 고기의 생산과 판매를 허용하고 있어요.

여러분이 집이라고 부르고 싶은 도시를 상상해 보세요

시간이 지나면서 도시에서의 삶은 변화했지만, 바뀌지 않은 것도 있어요. 새로운 상황에 적응하고, 과거로부터 배우고, 새로운 기술을 개발하고, 이웃과 협동하고, 함께 살 새로운 방법을 찾는 사람들의 능력은 변하지 않았죠. 만약 여러분이 인간과 지구 모두에 이롭고 모든 거주자를 공정하게 대할 수 있는 도시를 설계할 수 있다면 어떤 모습일까요?

더 많은 사람이 살 수 있도록 건물을 높게 지어요. 옥탑 농장과 놀이터, 식물로 가득 찬 구름다리 통로로 고층 건물을 연결해요.

모든 사람이 환영받으면서 사회적 교류를 하는 공공 공간을 만들어요.

사람을 위해 계획해요. 사람이 자동차 없이 돌아다닐 수 있도록 여러 가지 용도를 지닌, 완성된 동네를 만들어요.

버스를 더 많이 배치하고, 자전거 전용 도로와 안전한 보도를 분리해요.

모든 동네에 모든 생물과 모든 사람을 위한 장소와 공원을 만들어요.

자연으로부터 배워요. 친환경 사회 기반 시설은 자연의 도움을 받아 도시를 시원하게 유지하고 홍수를 줄일 물을 흡수해요.

배출물을 줄여요. 풍력, 수력, 태양열로 동력을 공급해요.

아무것도 낭비하지 않아요. 하수에서 열기를 되찾고, 물을 재활용하고, 제로 웨이스트를 실천해요.

도시를 경작해요. 지붕 위에서 채소를 길러요. 시청에서 닭을 길러요.

수천 명의 사람이 뉴욕시에 있는 브라이언트 공원에서 행복한 시간을 보내요. 피크닉이나 공놀이를 하고, 친구를 만나거나 회전목마를 탈 수 있죠. 공원에는 체스, 탁구, 퍼팅용 골프장, 미술용품 등 여러 가지 재미있는 활동을 할 수 있는 곳이 마련돼 있어요. 무료로요!
DRAZEN_/게티 이미지

낱말 정리

송수로	담수를 운반하는 데 사용하는 배관, 수로, 터널
박테리아	모든 환경에서 찾을 수 있는 아주 작은 단세포 유기체 유익할 수도 있고 위험할 수도 있다.
생물 발광	아귀, 반딧불이, 해파리, 곰팡이 등 살아있는 생물 내부의 화학 반응으로 빛이 나는 것
바이오 고형물	하수를 처리하면서 얻는 영양가가 풍부한 물질. 식량을 재배할 때 자연 비료로 사용한다.
브라유 점자	시각장애가 있는 사람들이 읽고 쓸 수 있게 해주는 체계 튀어나온 점들의 패턴을 사용해 촉각으로 읽을 수 있는 글자를 이룬다. 루이 브라유가 창안해서 브라유 점자라고 한다.
오물통	하수와 오물을 처리할 때 사용하려고 만든 구멍이나 탱크나 통
요강	실내 배관 작업과 수세식 변기가 생기기 전에 이동식 화장실의 역할을 했던 통
염소	식수를 소독하고 수영장에 있는 박테리아를 죽이는 등 다양한 용도로 사용하는 화학 원소
콜레라	전염병. 보통 오염된 물을 통해 퍼지는 박테리아 때문에 발생한다.
순환 경제	폐기물은 줄이고, 가능하면 물건을 버리지 않고 다른 목적으로 활용하거나, 고치거나, 재사용하는 경제 체계
도시 계획가	도시와 마을 안의 서비스, 공간, 땅이 사용될 방식을 설계하고 계획하는 사람
기후 위기	기후 패턴과 전 세계 날씨와 지역 날씨의 장기적인 변화로 인해 나타나는 결과 화석 연료를 태우는 것이 주원인이다. 1900년대 중후반부터 오늘날까지 전 세계 기온 상승과 관련하여 사용되곤 한다.
석탄	지하에서 발견되는 화석 연료의 일종으로, 식물이나 동물의 분해로 인해 형성된다. 열기나 동력을 생산하기 위해 태우는 단단하고 검은 물질이다.
민주주의	시민들이 투표로 지도자나 대표를 뽑아서 정부 운영에 참여할 수 있는 정부 형태
염분 제거	인간이나 동물이 마시거나 농사지을 흙에 사용할 수 있는 물을 만들기 위해 소금과 기타 무기물을 물에서 제거하는 과정. 이 과정에는 꽤 많은 화석 연료가 사용되므로, 주로 식수를 얻을 다른 방법이 별로 없는 지역에서만 행해진다.
배출물	자동차 배기가스, 발전소 및 공장의 가스 등 대기중으로 배출되는 물질
식품 사막	사람들이 상점이 부족하거나 이동수단이 부족해서, 또는 높은 가격 때문에 건강하고 적당한 가격의 식품(특히 과일과 채소)을 구하기 어려운 지역

식량 불안정	건강한 삶을 지속하는데 필요한 식량을 정기적으로 구할 수 없는 것
화석 연료	식물과 동물의 유해에서 형성된 연료를 말한다. 이들 유해는 수억 년 동안 지각 속의 열기와 압력으로 석유, 석탄, 또는 천연가스로 전환된다.
프랙털	똑같은 구조나 모양을 반복하는 패턴이며, 임의의 한 부분이 항상 전체의 형태와 닮은 도형 자연의 프랙털 패턴에는 눈송이, 나뭇가지, 번개가 있다.
고속도로	빠르게 이동하는 차량을 위한 넓은 도로 교차로가 몇 개 없고 운전자들이 출입할 수 있는 장소가 제한되어 있다.
젠트리피케이션	중산층이나 부유층이 한 도시의 동네를 업그레이드하는 현상 원래 거주하던 사람과 가게가 거주 비용을 감당할 수 없게 되면서 동네를 떠나는 결과가 나타나곤 한다.
지열 에너지	지구의 핵 안에 들어있는 방사성 입자의 부패를 통해 생산되는 열기 화산 활동과 자연 온천이 있는 장소에서 흔적이 발견된다. 재생 가능한 에너지원이다.
수력 전기	강처럼 물의 이동으로 발생하는 동력과 관련돼 있다. 수압으로 돌아가는 터빈이 전기를 만들어내는 발전기에 동력을 공급한다.
백열등	필라멘트라고 부르는 얇은 금속 조각이 전류에 의해 가열됐을 때 생성되는 빛의 일종
소각로	쓰레기(특히 산업 폐기물)를 잿더미가 될 때까지 높은 온도로 태우는 데 사용하는 용광로나 기계
산업혁명	물건을 상점과 가정에서 손으로 만들던 때로부터 공장에서 동력으로 움직이는 기계를 사용하는 때로 넘어가는 역사적 시기
광공해	원하지 않거나 과한 인공 불빛. 가로등을 비롯한 인위적 요인으로 인해 발생한다. 별과 다른 천체의 가시성을 떨어뜨리며 많은 동물의 자연적 주기를 방해한다.
삶의 거리	보행자, 자전거 타는 사람, 운전자가 함께 사용하도록 설계됐지만, 보행자가 우선시 되는 거리. 1960년대 네덜란드 델프트에 자동차가 늘어나면서 시작됐다.
기생충	벼룩, 벌레, 곰팡이 같은 유기체. 식량을 얻고, 성장이나 증식을 위해 다른 생명체 안팎에 붙어산다. 숙주에게 해를 입히는 경우가 많다.
수동 태양열 주택	창문, 벽, 바닥의 배치와 설계를 통해 태양의 열기를 모으고 분배하는 주택 최소한의 에너지를 사용해 연중 내내 집을 쾌적하게 관리한다.
플랑크톤	바닷물과 담수 속에서 찾을 수 있는 미생물. 다른 바다 생물의 먹이가 된다.
빗물 정원	얕게 꺼진 영역에 식물을 심은 곳. 지붕, 차도, 다른 단단한 표면으로부터 빗물을 모으도록 설계되어 빗물이 홍수를 일으키지 않고 땅속으로 스며들게 한다.
재생 가능 자원	햇빛, 바람처럼 무제한으로 공급되는 자연 자원 또는 소비되는 속도와 같거나 빨리 자연적으로 대체되는 자연 자원

안전 자전거	자전거의 한 종류. 같은 크기의 바퀴 두 개와 체인을 사용해 뒷바퀴를 돌리는 페달이 달려 있다. 앞쪽 바퀴가 컸던 페니파딩 자전거보다 훨씬 안전하게 설계됐다.
하수	변기와 배수관에서 흘러내리는 액체와 고체 쓰레기의 혼합물
하수 시스템	집과 기타 건물로부터 하수를 이동시키는 파이프와 터널의 지하 네트워크
실크 로드	동아시아와 유럽을 연결했던 6,400킬로미터 길이의 통상로 네트워크. 상인들은 낙타와 짐을 나르는 다른 동물과 함께 캐러밴으로 이동했다. 거래된 물품에는 동양에서 온 향신료, 비단, 옥, 차와 서양에서 온 유리 제품, 직물, 심지어 말까지 포함됐다.
길거리 음식	노점상이 거리나 다른 공공장소에서 판매하는 즉석 음식이나 음료
교통 공학 전문가	도시의 도로가 안전하게 설계되고 운전자들의 안전 운전에 필요한 정보와 표지판이 잘 제공되도록 하는 데 도움을 주는 사람
장티푸스	열, 설사, 구토를 특징으로 하는 세균성 질환. 치명적일 수 있으며, 오염된 물을 마셔서 발생하는 경우가 많다.
도시 열섬	외진 시골 지역보다 기온이 높은 도시 지역. 건물, 도로, 주차장을 비롯한 표면이 숲 같은 자연 지역보다 많은 열기를 흡수하고 재발산하기 때문에 생긴다.
쓰레기 수거인	자신과 가족을 부양하기 위해 다른 사람들이 버린 물건 중에서 재사용하거나 재활용할 수 있는 것들을 모아서 판매하는 사람
폐수	목욕하기, 변기 물 내리기, 설거지하기 등 가정 내 활동이나, 산업 및 농업 활동에서 사용한 물
습지	연중 내내 또는 특정 계절 동안 물에 축축하게 젖어있는 자연 또는 인공 지역. 대표적인 습지로 늪지가 있다.
제로 웨이스트	쓰레기를 없애고 자원 사용을 줄이는 데 도움을 주기 위해 쓰레기 방지에 집중한 원칙들. 쓰레기 매립지나 소각로, 바다로 쓰레기를 하나도 보내지 않는 것이 목표이다.

출처

인쇄물

Briggs Martin, Jacqueline. Farmer Will Allen and the Growing Table. Readers to Eaters, 2013.

Clark, Stacy. Planet Power: Explore the World's Renewable Energy. Barefoot Books, 2021.

Clendenan, Megan. Fresh Air, Clean Water: Our Right to a Healthy Environment. Orca Book Publishers, 2022.

Clendenan, Megan, and Kim Ryall Woolcock. Design Like Nature: Biomimicry for a Healthy Planet. Orca Book Publishers, 2021. (역서:《모기 침을 닮은 주삿바늘은 왜 안 아플까?》, 메건 클렌대넌, 킴 라이얼 울콕 지음, 한혜진 번역)

Craigie, Gregor. Why Humans Build Up: The Rise of Towers, Temples and Skyscrapers. Orca Book Publishers, 2022.

Curtis, Andrea. City of Water. Groundwood Books, 2021. (역서: 《도시 물 이야기》, 안드레아 커티스 지음, 케이티 도크릴 그림/만화, 권혁정 번역)

Eamer, Claire. What a Waste: Where Does Garbage Go? Annick Press, 2017.

Guillain, Charlotte. The Street Beneath My Feet. Words and Pictures by Quarto, 2017.

Jones, Kari. Ours to Share: Coexisting in a Crowded World. Orca Book Publishers, 2019.

Mulder, Michelle. Going Wild: Helping Nature Thrive in Cities. Orca Book Publishers, 2018.

Mulder, Michelle. Home Sweet Neighborhood: Transforming Cities One Block at a Time. Orca Book Publishers, 2019. (역서:《이웃끼리 뜰뜰 뭉치면 무슨 일이 생길까?》, 미셸 멀더 지음, 현혜진 번역)

Paeff, Colleen. The Great Stink: How Joseph Bazalgette Solved London's Poop Pollution Problem. Margaret K. McElderry Books, 2021.

Peterson, Lois. Shelter: Homelessness in Our Community. Orca Book Publishers, 2021.

온라인 자료

아동 친화적 도시 계획: childfriendlycities.org

지구 관측소의 '밤에 본 도시의 모습':earthobservatory.nasa.gov/features/CitiesAtNight

재활용하는 아이들:kidsrecycle.org

삶의 거리:livingstreets.org.uk

마라 민처 - 아이들은 도시 계획에 어떤 도움을 줄 수 있을까

ted.com/talks/mara_mintzer_how_kids_can_help_design_cities

뉴욕 교통박물관: nytransitmuseum.org

씨앗을 심은 뒤 자라나는 것 재단: seewhatgrows.org/get-kids-excited-gardening

감사의 말

    도시와 마찬가지로, 책을 만들려면 아주 많은 사람의 협력과 다양한 부서가 필요합니다. 도시 계획 및 역사 전문가인 워털루 대학교의 브라이언 두셋, 요크 대학의 패트리샤 버크 우드, 사이먼 프라이저 대학의 니콜라스 케니, 조지아 주립 대학교의 장-폴 데이비드 애디에게 감사의 말을 전합니다.

    이들은 각자 원고의 일부를 읽고, 헷갈리거나 오해를 일으킬 수 있는 구절을 지적하고, 책을 전체적으로 견고하게 다져주었습니다. 감사합니다! 이 책에 있는 모든 오류는 제 실수입니다.

    수하루 오가와 작가님의 깜짝 놀랄 정도로 재밌는 일러스트에 감사의 마음을 전하고 싶습니다. 작가님의 그림이 도시에 생명을 불어 넣어주었습니다.

    제가 수개월 동안 하수와 태양열로 움직이는 쓰레기통 같은 주제에 대해 끊임없이 이야기할 때 침착하게 들어준 우리 가족, 데이브와 오웬에게 감사의 말을 전합니다. 끝으로 나의 멋진 이웃에게 감사드립니다. 이웃은 제가 팬데믹 기간 동안 이 책을 작업할 때 저를 지지해주고 제가 갑작스럽게 정원을 방문하고, 사회적 거리 두기를 하면서도 대화를 나누고, 즐겁게 자전거를 타면서도 제정신을 붙들 수 있게 도와주었습니다. 모두에게 감사드립니다.

글 　메건 클렌대넌

메건 클렌대넌은 크고 작은 여러 도시에서 살면서 여성 인권, 정신 건강, 청소년 권리 비영리 조직과 환경 법안 단체에서 일했어요. 걸어서 동네를 탐험하는 것을 좋아합니다. 뿐만 아니라 지하철, 기차, 버스, 자전거, 심지어 보트를 타고 학교나 직장을 다니기도 했습니다. 지금은 브리티시컬럼비아주 밴쿠버 근교의 텃밭이 있는 집에서 가족과 함께 채소를 재배하면서 작품 활동을 하고 있습니다. 지은 책으로는 《신선한 공기, 깨끗한 물》, 《모기 침을 닮은 주삿바늘은 왜 안 아플까?》, 청소년 소설인 《오프비트》 등이 있어요.

그림 　수하루 오가와

수하루 오가와는 토론토에서 일하는 일러스트레이터이에요. 미술사와 문화 인류학을 전공하고 대학교에서 사서로 일했죠. 몇 년이 흐른 뒤, 그림에 대한 열정에 이끌려 사서 일을 그만두고 평생 꿈꿔온 일을 하게 됐어요. 그 이후로는 잡지, 공공 예술 프로젝트, 어린이 도서용 일러스트를 작업해 왔어요. 토론토에 있는 OCAD대학교에서 일러스트 수업도 하고 있어요.

옮김 　최영민

성균관대학교 글로벌경제학과를 졸업하고 삼성전자에서 근무했어요. 글밥아카데미 영어 출판번역 과정을 수료하고 현재 바른 번역 소속 전문번역가로 활동 중이에요. 옮긴 책으로는 《장벽의 세계사》, 《뉴 스타트업 마인드셋》, 《7가지 코드》, 《커피 셀프 토크》, 《내가 그렇게 이상해?》, 《나의 작은 공》, 《일론 머스크》, 《노인과 바다》 등이 있어요.